Découvrez l'histoire par les archives de presse

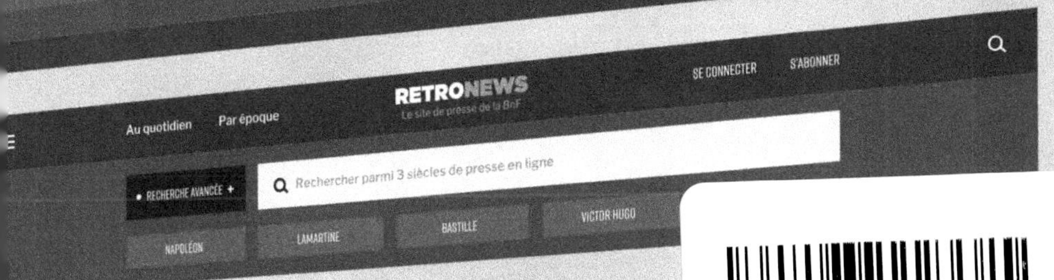

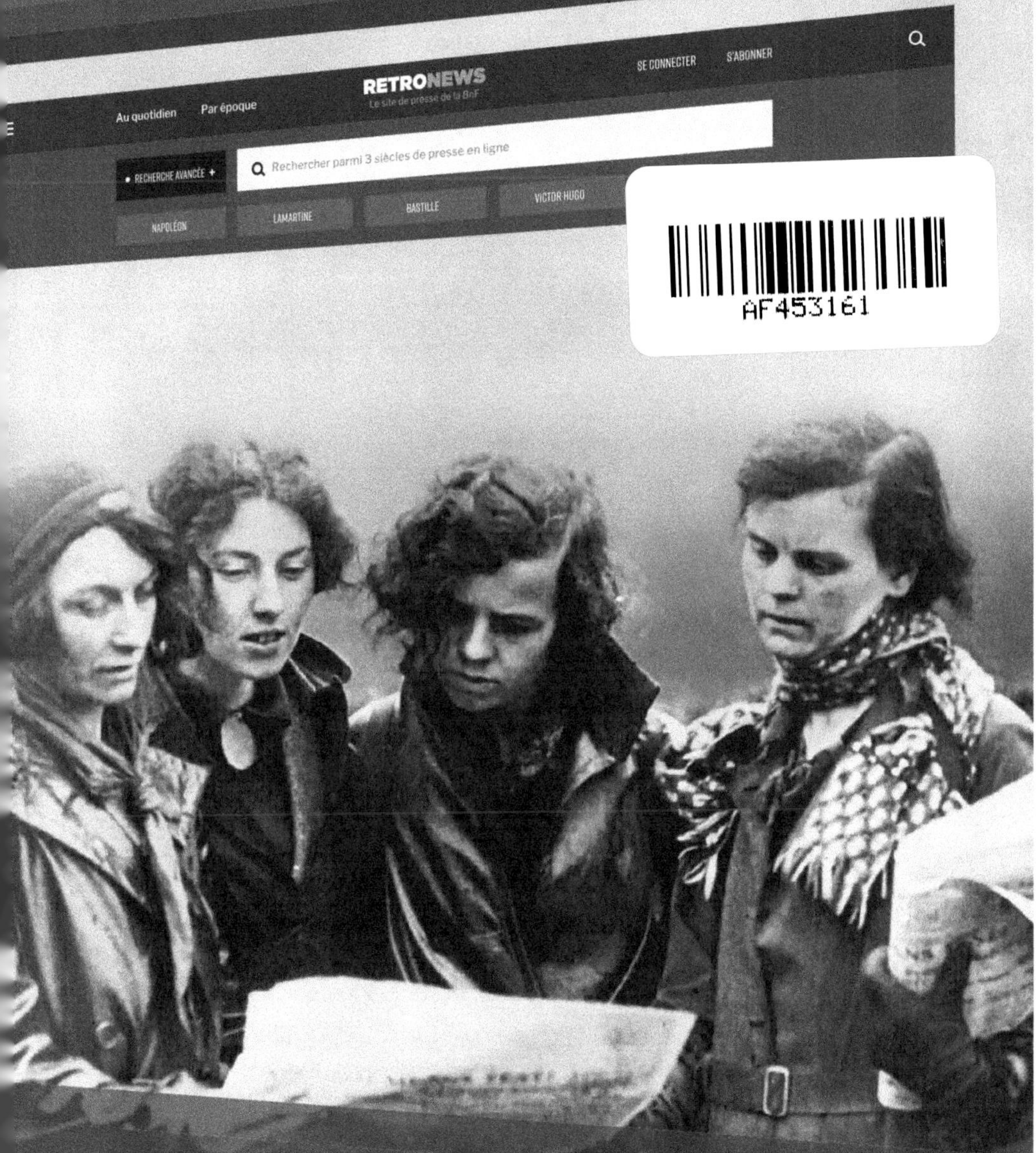

RETRONEWS
Le site de presse de la BnF

www.retronews.fr

MÉMOIRES

DE LA

SOCIÉTÉ IMPÉRIALE

DES ANTIQUAIRES

DE FRANCE

———

TOME TRENTE-UNIÈME

QUATRIÈME SÉRIE, TOME I

NOGENT-LE-ROTROU, IMPRIMERIE DE A. GOUVERNEUR.

MÉMOIRES

DE LA
SOCIÉTÉ IMPÉRIALE

DES ANTIQUAIRES

DE FRANCE

QUATRIÈME SÉRIE
TOME PREMIER

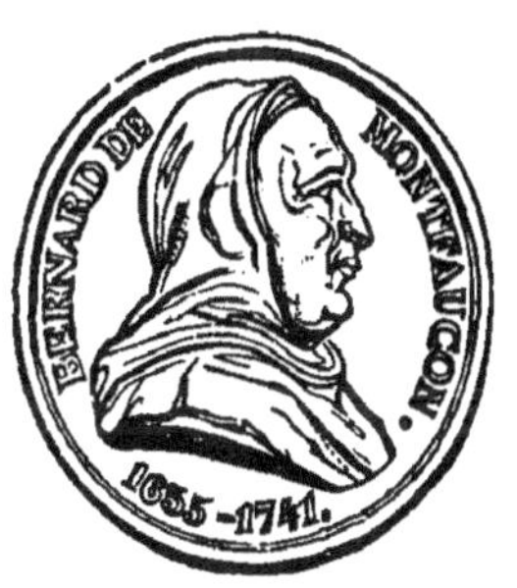

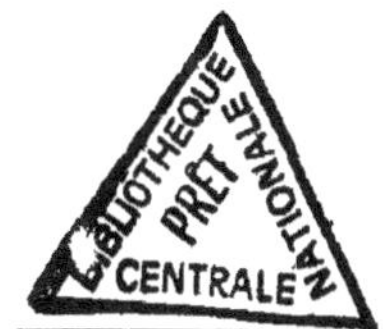

PARIS

AU SECRÉTARIAT DE LA SOCIÉTÉ

AU PALAIS DU LOUVRE

ET CHEZ DUMOULIN, LIBRAIRE DE LA SOCIÉTÉ

QUAI DES AUGUSTINS, Nº 13

M DCCC LXIX

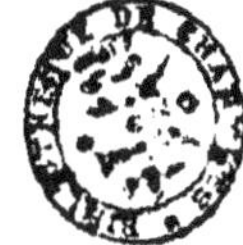

RECHERCHES

SUR

L'ACCUSATION DE MAGIE

DIRIGÉE

CONTRE LES PREMIERS CHRÉTIENS.

Par M. Edmond Le Blant, membre résidant.

Mémoire lu en séance les 11 et 18 décembre 1867,
18 février 1868.

Dans les luttes de l'idolâtrie contre la religion du Christ, un fait singulier m'arrête et me paraît mériter l'attention. Nous voyons parfois les païens reconnaître que la loi chrétienne est sans -reproche et que l'excès même de sa perfection en constitue le défaut. Aucun homme, disent-ils, ne saurait l'observer dans sa rigueur[1]; elle enseigne l'innocence, la justice, la patience, la tempérance,

---

1. S. Aug. *Epist.* CXXXVI (Marcellinus Augustino); cf. S. Just. *Dial. cum Tryph.*, § X.

la pudeur [1], la confiance en la divinité [2]; elle prescrit le pardon des injures [3]; le chrétien est charitable pour tous [4]; sa bonté singulière, sa modestie commandent l'affection [5]; sa loyauté est exemplaire [6]. Les infidèles reconnaissent que des hommes de bien inclinent au christianisme [7]. Les magistrats disent aux martyrs amenés devant le tribunal : « Tes vertus, ta douceur te rendent » digne de vivre [8]. Tu es un sage et tu mérites le » respect [9]. » Et pourtant, malgré la haute estime qu'inspirent de tels adversaires, la foule païenne veut voir en eux des débauchés, des incestueux, des infanticides, des anthropophages, enfin des magiciens impurs. D'où venaient ces soupçons étranges? Comment avaient-ils pris naissance dans l'esprit des persécuteurs? A côté des mystères sacrés dont s'inquiétait le camp

1. Tertull. *Apolog.*, XLVI; *Ad Nation.*, 1, 5.

2. Euseb. *Hist. eccl.*, IV, 14.

3. Orig. *Contra Cels.*, l. VII, ed. Cantabr. p. 370.

4. Tertull. *Apolog.*, XLII; Julian. *Epist.* Arsacio,

5. *Acta Sincera*, éd. de 1713, p. 416, Acta S. Philippi, § 10; cf. p. 496, Acta S. Phileæ, § 2, S. Cypr., Epist. 69, Ad Florentium Pupianum, § 3.

6. Tertull. *Apolog.*, XLII, XLVI. Devant une proposition déloyale que fait le scribe Ingentius, un duumvir païen s'étonne et répète par deux fois : « Hæc est fides christianorum? » (*Acta purg. Felic.* à la suite de S. Optat, édition de 1700, p. 256).

7. Tertull. *Apolog.* III.

8. *Acta Sinc.* p. 143, Passio S. Pionii, § V.

9. *Acta Sinc.* p. 549, Acta S. Julii, § I.

païen, y avait-il, chez les premiers fidèles, quelque acte mal compris, quelque pratique imprudente qui pût, non point justifier de telles calomnies, mais du moins en expliquer l'existence? C'est ce qu'il importe d'examiner si l'on veut trouver le mot d'une énigme singulière.

L'accusation de magie, la seule dont je m'occuperai ici, fut de toutes la plus durable, et cependant elle n'a point, que je sache, été examinée jusqu'à cette heure. On me permettra de m'y arrêter, avec toute la vénération due à ceux dont la foi intrépide a fondé le monde nouveau, mais aussi avec le ferme désir de pénétrer le secret des âges où s'agitèrent les plus graves questions qui aient ému l'esprit humain.

Aussi bien que les idolâtres, les fidèles croyaient à l'existence des dieux de l'Olympe, et, de cette persuasion de tous était née une suspicion réciproque. Il est écrit dans le livre des Psaumes : « Tous les dieux des Gentils sont des démons[1]. » Pour les fils de l'Église, Jupiter, Mercure, Apollon et les autres étaient des esprits infernaux [2]. Pour les persécuteurs, le christianisme, dangereusement armé, troublait le culte traditionnel

---

1. XCV, 5; Tertull. *Ad Scapul.* II : « Nos unum Deum » colimus quem omnes naturaliter nostis, ad cujus fulgura » et tonitrua contremiscitis, ad cujus beneficia gaudetis. » Ceteros et ipsi putatis Deos esse quos dæmonas scimus. » Voir encore les notes ci-après.

2. Euseb. *Præp. Evang.* IV, 10, et ci-dessous.

par des enchantements détestables. Devant ses conjurations, les sacrifices étaient interrompus, les oracles perdaient la voix[1]. Les fidèles n'hésitaient pas à se vanter de cette puissance. « Nous « forçons vos dieux, dit Tertullien, d'avouer » qu'ils ne sont que des démons[2] », et, quand on veut mener Pionius au temple et le contraindre à sacrifier : « Il n'est pas bon, dit-il, pour vos » sanctuaires, que l'un de nous y apparaisse[3]. »

Ces esprits impurs que les chrétiens mettaient en fuite étaient pour eux des êtres matériels. On le répète dès les premiers âges; les statues consacrées aux dieux sont les demeures des génies infernaux; c'est de là que, nourris par le sang et la fumée des sacrifices[4], ils savent, à l'aide de la

---

1. Arnob. *Adv. gent.* I, 45 : « Unus fuit e nobis... cujus » nomen auditum fugat noxios spiritus, imponit silentium » vatibus, haruspices inconsultos reddit, arrogantium mago- » rum frustrari efficit actiones, non horrore, ut dicitis, » nominis, sed majoris licentia potestatis. » cf. *De mort. persec.* X; Rufin. *Hist. eccl.* X, 35; Theodoret. *Hist. eccl.* III, 10, etc.

2. *Apolog.* XXIII : « Jussus a quolibet christiano loqui » spiritus ille, tam se dæmonem confitebitur de vero, quam » alibi Deum de falso. »

3. Passio S. Pionii, § VII (*Acta sinc.* p. 143) : « Non expedit » delubris vestris ut nos ad templa veniamus. »

4. Athenag. *Leg. pro Christ.*, § 26 : Καὶ οἱ μὲν πὲρι τὰ εἴδωλα αὐτοὺς ἕλκοντες, οἱ δάίμονες εἰσιν οἱ προειρημένοι, οἱ προστετη- χότες τῷ ἀπὸ τῶν ἱερείων αἵματι καὶ ταῦτα περιλιχμώμενοι. Tertull. *Apolog.* XXIII : « Renuant se immundos spiritus esse quod » vel ex pabulis eorum sanguine et fumo et putidis rogis

magie, rendre des oracles, animer les entrailles des victimes, régler le vol des oiseaux [1]. Quelques uns les disaient sans pouvoir [2], d'autres proclamaient leur action malfaisante. Au rapport de Sulpice Sévère, saint Martin souffrait des attaques de Jupiter et surtout de Mercure; il les apostro-

---

» pecorum et impuratissimis linguis ipsorum vatum intelligi debuit. » Cf. Orig. *Contra Celsum*, l. III, p. 133; l. VII, p. 334, 336, 374; l. VIII, p. 397; Euseb. *Præp. Evang.* l. V, c. 2.

1. Pour les païens : Arnob. *adv. gent.* VI, 17 : « Sed eos » in his colimus eosque veneramur quos dedicatio infert » sacra, et fabrilibus efficit inhabitare simulachris. » — Pour les chrétiens. Tertull. *Apolog.* XXI : « (Falsa divinitas) » in primis illa omni ratione quæ delitescens sub nominibus » et imaginibus mortuorum, quibusdam signis et miraculis » et oraculis fidem divinitatis operatur »; Minut. Fel. *Octav.* XXVII : « Isti igitur impuri spiritus, dæmones, ut ostensum » a magis, a philosophis et a Platone, sub statuis et imagi- » nibus consecrati delitescunt »; Cyprian. *De idol. vanit.* XIV : « Hi ergo spiritus sub statuis atque imaginibus conse- » cratis delitescunt, hi afflatu suo vatum pectora inspirant, » extorum fibras animant, avium volatus gubernant, sortes » regunt, oracula efficiunt,..... ut ad cultum sui cogant »; Passio S. Tarachi, § V (*Acta Sinc.* p. 430) : Οἱ ἐν λίθοις καὶ ξύλοις ἔργοις χειρῶν ἀνθρώπων τυγχάνοντες, πῶς δύνανται θεοὶ εἶναι ζῶντες; Euseb. *Præp. Evang.* l. 1, c. 4 : Τὸ δὲ μηκέτι Θεοὺς ἡγεῖσθαι ἤτοι τὰ νεκρὰ καὶ κωφὰ ξόανα ἢ τοὺς ἐν τούτοις ἐνεργοῦντας πονηροὺς δαίμονας. Voir encore Origen. *Contra Cels.* l. VIII, p. 404; Euseb. *Præp. Evang.* l. IV, c. 15; S. Chrysost. *Expos. in Ps. CXIII*, § 4, *In Psalm.* CXXXIV, § 7 (t. V, p. 298 et 395).

2. Min. Fel. *Octavius*, XXV; Certamen S. Nicephori, § III (*Acta sinc.* p. 241); Euseb. *Vita Const.* I, 27, III, 55; S. Aug. *Civ. Dei,* IV, 7 et suiv.; VI, 12, etc.

phait par leurs noms et les torturait à son tour
par la vertu de l'exorcisme [1]. Tertullien dit ce
que les fidèles doivent redouter des faux dieux :
« Bien que les esprits de cette sorte nous soient
» soumis, écrit-il aux païens, cependant, comme
» des esclaves perfides, ils se montrent à la fois
» craintifs et malfaisants, car la terreur enfante la
» haine. Misérables et condamnés par avance, ils
» cherchent, jusqu'à l'heure du supplice, une con-
» solation dans leur méchanceté. De loin, ils osent
» nous attaquer, mais, de près, ils nous deman-
» dent grâce [2]. » Puis, prenant à témoins les
païens mêmes : « Que l'on amène, dit-il, devant
» vos tribunaux, un homme qu'agite le démon ;
» le premier venu d'entre nous forcera celui-ci
» de parler, d'avouer qu'il n'est qu'un esprit
» infernal, tandis qu'il se prétend une divinité [3]. »
A ce cri des fidèles : « Vos dieux sont des démons, »
les idolâtres répondaient : « Les mauvais génies
» vous donnent seuls la puissance magique, le
» détestable pouvoir de troubler notre culte [4]. »

1. Sulp. Sev. *Dialog.* II, 13 : « Jam vero dæmones, prout
» ad eum quisque venisset, suis nominibus increpabat.
» Mercurium maxime patiebatur infestum, Jovem brutum
» atque hebetem esse dicebat » ; *Dialog.* III, 6 : « At in alia
» parte videres sine interrogatione vexatos et sua crimina
» confitentes ; nomina etiam nullo interrogante prodebant,
» ille se Jovem, iste Mercurium fatebatur. »

2. *Apolog.* XXVII.

3. *Ad Scapul.* IV.

4. Orig. *Contra Cels.* l. I, p. 7 ; l. VI, p. 302 ; l. VII, p. 334.

Et ce n'est point seulement aux temps antiques, dans les bornes de l'empire romain, que l'on rencontre cette croyance. Le préjugé devait vivre et s'étendre. Nous le retrouvons dans la Perse, au milieu du IVe siècle, et, dans la Grande-Bretagne, aux dernières années du VIe. Les adorateurs du soleil et les sauvages idolâtres du nord tiennent également alors pour des enchanteurs redoutables [1] ceux que la religion du Christ faisait les ennemis de toute magie [2].

l. VIII, p. 402; cf. S. Aug. *Sermo* LXXI, De verbis Evang. Matth. XII, § 5.

1. Sozom. *Hist. eccl.*, II, 9. Σαβώρης δὲ πρὸς τὸ παράδοξον τῆς μεταβολῆς τοῦ Εὐνούχου τεθηπὼς, ἔτι μᾶλλον ἐχαλέπαινε τοῖς Χριστιανοῖς, ὡς γοητείαις τοιάδε κατορθοῦσι. Cf. II, 12; *Acta Sanct. ord. Bened.* Sæc. I, p. 510, Vita S. Augustini episcopi Cantaruensis, auctore Gosselino, § 16 : « Veniens itaque rex in insu- » lam, die opportuno, et residens cum optimatum cœtu, » sub dio ad suam audientiam accersit Augustinum cum » suo conventiculo. Fallebat enim adhuc Regem conjurationis » error, velut nocturnum Nicomedum verentem, ne si in » aliquod tectum sibi supervenirent, si quid incantationis » aut maleficii scirent, convictum eum seducerent. Sed » quantum lux a tenebris distabat, talis mens ab innocen- » tibus ac rectis. Attollebant potius vexilla dominica, » quibus exterminarent præstigia dæmoniaca. »

2. Hieron. *De viris illustr.* c. LVIII : « Sed et alius (liber) » sub nomine ejus (Minutii Felicis) fertur, de fato vel con- » tra Mathematicos »; cf. *Epist.* LXXXIII ad Magnum; S. Chrysost. *Homil.* VIII, Contra Judæos, § 8 : Ἂν διαχρούσῃ τὰς ἐπῳδὰς, καὶ τὰς φαρμακείας, καὶ τὰς μαγγανείας, καὶ ἀπόθανῃς τῇ νόσῳ, μάρτυς ἀπηρτισμένος εἶ, ὅτι ἀπαλλαγὴν μετ'ἀσεβείας ἐπαγγελλο- μένων ἑτέρων εἵλού θάνατον μετ' εὐσεβείας μᾶλλον. cf. Orig. *Contra*

Deux ordres de causes me semblent avoir fait naître l'étrange accusation portée contre les chrétiens ; les unes résultaient de leurs actes, de leurs livres ; les autres leur étaient extérieures.

Je m'occuperai d'abord de ces dernières, qui sont, à mes yeux, les moins nombreuses, comme les moins importantes.

Tout d'abord, on rencontre ici deux textes d'un historien de l'Église. Eusèbe rapporte que des hommes, publiquement livrés aux pratiques de la magie, d'impurs gnostiques, se donnaient pour chrétiens[1], et les monuments qu'il importe toujours de rapprocher des témoignages écrits, confirment le fait, puisqu'une pierre gravée porte, avec des inscriptions de la Cabale, l'image du Bon Pasteur[2]. L'accusation de magie, justement portée contre ces hérétiques[3], rejaillissait ainsi,

Cels. l. I, p. 30 ; Euseb. _Demonstr. Evang._ III. 6 ; S. Aug. Sermo 286, § 7, In natali SS. Protasii et Gervasii.

1. _Hist. eccl._ III, 26 ; IV, 7.

2. Allegranza, _Opuscoli eruditi_, p. 177. Les douze personnages représentés sur cette pierre, à côté du Bon Pasteur, figurent sans doute la Duodécade des Éons (cf. S. Iren. I, 1 et 3). Une autre pierre gnostique est signalée dans le Catalogue du Cabinet des médailles (n° 2220), comme portant le monogramme du Christ et les lettres IN liées entre elles. Je n'y ai reconnu que la sorte de Ξ en forme de Z barré que présentent souvent les monuments de l'espèce. (Voir notamment le revers de la pierre donnée par Macarius, _Abraxas_, tab. XIX, n° 76 ; cf. les n°° 28 et 61.)

3. Quelques uns d'entre eux, les Ophites, empruntaient en même temps les noms de leurs démons à la Bible et à la

nous dit Eusèbe, sur la famille chrétienne [1], et des païens concouraient de même à la répandre en empruntant, pour les enchantements, le nom de Jésus et celui du Dieu des Juifs. C'est ce qu'affirment saint Augustin, Damascius et Origène [2] qui, devant le préjugé des idolâtres, met assez mal à propos sur la même ligne l'action du nom de Dieu et celle que les magiciens obtiennent en invoquant Chnumen et les autres démons gnostiques [3].

Ces pratiques des sorciers païens n'eussent sans

magie (Origen. *Contra Cels.* l. V, p. 297).

1. *Hist eccl.* III, 26.

2. Origen. *Contra Celsum.* L. IV, p. 183 : Ὡς οὐ μόνον τοὺς ἀπὸ τοῦ ἔθνους (᾿Ιουδαίων) χρῆσθαι ἐν ταῖς πρὸς Θεὸν εὐχαῖς καὶ ἐν τῷ καταπάδειν δαίμονας, τῷ, ὁ Θεὸς ᾿Αβραὰμ, καὶ ὁ Θεὸς ᾿Ισαὰκ, καὶ ὁ Θεὸς ᾿Ιακώβ· ἀλλὰ γὰρ σχεδὸν καὶ πάντας τοὺς τὰ τῶν ἐπωδῶν καὶ μαγειῶν πραγματευομένους. Εὑρίσκεται γὰρ ἐν τοῖς μαγικοῖς συγγράμμασι πολλαχοῦ ἡ τοιαύτη τοῦ Θεοῦ ἐπίκλησις, etc. Cf. L. 1, p. 17 : Τοσοῦτον μέν γε δύναται τὸ ὄνομα τοῦ ᾿Ιησοῦ κατὰ τῶν δαιμόνων, ὡς ἔσθ᾿ ὅτε καὶ ὑπὸ φαύλων ὀνομαζόμενον ἀνύειν. S. August. *Tract. VII in Joh. Evang.* § VI : « Usque adeo, fratres mei, ut illi ipsi qui seducunt per ligaturas, per præcantationes, per machinamenta inimici, misceant præcantationibus suis nomen Christi. » *Damascii vita Isidori :* « Ὥρκιζε δὲ τὰς τοῦ ἡλίου προτέινων ἀκτῖνας, καὶ τῶν ῾Εβραίων Θεόν. Si Julius Africanus était encore payen alors qu'il écrivit les Cestes, il faudrait noter ici un texte qui, en tout cas, présente un singulier emploi du nom de Dieu : « Ἀμήχανον τραπῆναι ποτε τὸν οἶνον ἔαν ἐπιγράφης ἐν τῷ ἀγγείῳ ἢ ἐν τοῖς πίθοις ταῦτα τὰ θεῖα ῥήματα· Γεύσασθε καὶ ἴδετε ὅτι χρηστὸς ὁ Κύριος (Ps. XXXIII, 9). Καλῶς δὲ ποίησεις καὶ εἰς μῆλον οὕτω γράφων ἐμβάλλων τὸ μῆλον εἰς τὸν οἶνον (Cassianus Bassus, *Geoponica,* éd. de 1781, t. I, p. 495).

3. *Contra Cels.* l. I, p. 18-20; l. V, p. 261-262; l. VIII, p. 417.

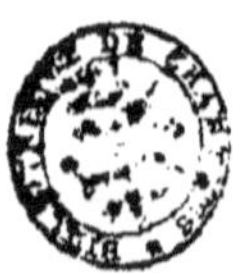

doute pas suffi à répandre l'étrange soupçon qui
pesait sur les fils de l'Église, mais, il faut bien le
dire, quelques actes des fidèles eux-mêmes, et je
parle ici des plus saints, les livres apocryphes
qu'une piété irréfléchie plaçait à côté de l'Évangile, ce texte même peut-être aussi, sous un certain aspect que je signalerai plus loin, les œuvres
des artistes chrétiens, donnaient prise à l'interprétation malveillante des persécuteurs.

Si fréquents qu'aient été, chez les anciens, les
procès de magie, il reste peu de documents éten-
dus au sujet de cette matière qu'il nous importe-
rait d'étudier ici. Le plus considérable, à coup
sûr, est la célèbre apologie qu'Apulée prononça
pour repousser l'accusation de maléfice portée
contre lui par Emilianus. La défense mentiohne
tous les moyens de l'attaque et l'on y peut étudier sur le vif le mécanisme des actions de
l'espèce. Une particularité m'y frappe tout d'abord
et me semble, au point de vue qui m'occupe,
mériter quelque attention.

Ici je laisse parler Apulée :

« Mes accusateurs devaient, dit-il, imaginer
» une fable en rapport avec les choses que chacun
» croit et connaît. Aussi, pour produire un de ces
» faits qu'admet l'opinion commune, ils me font
» opérer des charmes sur un enfant. C'est en
» secret, dans un lieu écarté, avec un petit autel
» et une lampe; peu de gens assistent à la scène
» et, dès que l'enfant est enchanté, il tombe, puis

» se relève ayant perdu toute conscience de lui-
» même. On n'a pas osé pousser plus loin le men-
» songe. Cependant, pour compléter la fable, on
» aurait dû ajouter que l'enfant avait fait mille
» prédictions, car la divination et les présages
» sont, on le sait, la fin de ces enchantements.
» Ce n'est point seulement l'opinion du vulgaire,
» c'est aussi le sentiment des hommes de science
» que les enfants produisent cette merveille. Je
» me souviens d'avoir lu chez Varron le philo-
» sophe, personnage d'un savoir sérieux et
» éprouvé, les faits suivants parmi d'autres sem-
» blables. Les Tralliens recoururent à la magie
» pour connaître l'avenir, touchant la guerre de
» Mithridate; un enfant, contemplant dans l'eau
» une image de Mercure, annonça, en cent
» soixante vers, ce qui devait arriver. Fabius,
» ayant perdu cinq cents deniers, vint consulter
» Nigridius; des enfants, que celui-ci avait char-
» més, dirent où était enfouie la bourse, avec une
» partie de l'argent; ils firent connaître aussi
» comment le reste était disposé; qu'un denier
» était dans les mains de Marcus Caton, le philo-
» sophe, et celui-ci déclara l'avoir reçu d'un de
» ses esclaves pour une offrande à Apollon. Ces
» faits et d'autres, je les trouve consignés dans
» plusieurs écrits sur les enfants magiques, mais
» j'hésite pour affirmer si tout cela est, ou non
» possible. Je crois bien, pourtant, avec Platon,
» qu'il est, entre les dieux et les hommes, des

» puissances intermédiaires qui dirigent les divi-
» nations et les prodiges de la magie. J'admets
» aussi qu'une âme humaine, surtout l'âme simple
» d'un enfant, puisse, par la force des charmes ou
» l'enivrement des parfums, s'assoupir et s'isoler
» du présent; que l'absence de la mémoire corpo-
» relle la ramène à sa nature vraie qui est immor-
» telle et divine, et qu'alors, comme au milieu
» d'un songe, elle puisse dévoiler l'avenir[1]. »

Ainsi donc, des enfants prophètes, et nous l'apprenons aussi de Tertullien[2] et de Spartien[3], servaient d'instruments aux magiciens, et cela était connu de tous. Dans une extase, un sommeil artificiel, ils disaient l'avenir, et les ennemis d'Apulée l'accusèrent de magie pour avoir entrepris cette opération.

Cela posé, ce n'est point, à coup sûr, sans quelque étonnement que je vois, au pays même d'Apulée, un évêque, un saint, un martyr, chercher dans l'extase des enfants des révélations surnaturelles. « Le Seigneur, dit saint Cyprien,
» dans une lettre adressée à son clergé, le Sei-
» gneur ne cesse de nous reprendre la nuit et le
» jour. A côté des visions que nous donne le
» sommeil, en plein jour, près de nous, l'Esprit
» saint inspire l'innocence; des enfants, plongés

1. *Apolog.* éd. d'Oudendorp, t. II, p. 495 à 498.
2. *Apologet.* XXIII : « Porro, si et magici pueros in elo-
» quium oraculi elidunt.... »
3. *In Did. Julian.* VII.

» dans l'extase, voient, entendent et proclament
» ce que Dieu veut nous révéler et nous appren-
» dre [1]. »

Nous lisons dans l'Apologétique que les chrétiens ne se préoccupaient pas de soustraire les
livres saints aux regards des idolâtres et que,
d'ailleurs, mille circonstances pouvaient faire
tomber ces écrits entre les mains des persécuteurs[2].
Il devait en être de même des ouvrages composés
par les fidèles, et plus d'un moyen se présentait
de savoir ce qui se passait chez ces derniers.
Tertullien, qu'il faut toujours citer, rappelle les
trahisons de chaque jour, les réunions assiégées
et violées, les dénonciations incessantes des
esclaves[3]; que l'on ajoute les apostasies sans

1. S. Cypr. *Epist.* IX. Presbyteris et diaconibus fratribus,
§ IV : « Castigare nos itaque divina censura nec noctibus
» desinit, nec diebus. Præter nocturnas enim visiones per
» dies quoque impletur apud nos Spiritu sancto puerorum
» innocens ætas, quæ in ecstasi videt oculis, et audit et
» loquitur ea quibus nos Dominus monere et instruere
» dignatur. »

2. Tertull. *Apologet.* XXXI : « Inspice Dei voces, litteras
» nostras quas neque ipsi supprimimus, et plerique casus
» ad extraneos transferunt. »

3. Tertull. *Apologet.* VII : « Tot hostes quot extranei, et
» quidem proprie ex æmulatione Judæi, ex concussione
» milites, ex natura ipsi domestici nostri. Quotidie obsi-
» demur, quotidie prodimur; in ipsis plurimum cœtibus et
» congregationibus nostris opprimimur. » *Ad Nation.* VII :
« Conversatio notior facta est, scitis et dies conventuum
» nostrorum, itaque obsidemur et opprimimur et in ipsis

nombre[1], les informations nécessairement saisies par les idolâtres mariés à des fidèles[2], et l'on comprendra qu'en réservant ici le secret des mystères sacrés, ce qui se faisait chez les chrétiens devait être su de tous. Celse le dit et, qui mieux est, le montre dans sa longue discussion de notre doctrine[3]. Des païens donc pouvaient lire ou connaître la lettre de saint Cyprien, savoir au moins les faits qu'elle relatait et qui, d'ailleurs, n'étaient pas isolés[4], se rappeler en même temps qu'Apulée, Tertullien, les documents dont Spartien se servit plus tard[5], par dessus tout le cri public[6] montraient les magiciens obtenant, par la voix d'enfants extatiques, des révélations surnaturelles. Que pensaient-ils, en voyant employer par l'Église des moyens réprouvés comme magiques et que la loi de l'Etat condamnait? Des esprits moins prévenus

» arcanis congregationibus detinemur. »

1. Plin. *Epist.* X, 97 : « Alii ab indice nominati, esse se » christianos dixerunt et mox negaverunt; fuisse quidem, » sed desiisse; quidam ante triennium, quidam ante plures » annos, non nemo etiam ante viginti quoque. » etc.

2. Tertull. *Apologet.* VII; *Ad uxor.* II, 8; cf. 1 et 2; Cypr. *De lapsis,* V.

3. Origen. *Contra Cels.* l. I, p. 11. Celse connaît de même les livres des hérétiques, l. VI, p. 298 et 326; l. VIII, p. 887.

4. Tertullien, *De anima,* IX, parle des révélations d'une extatique montaniste dont il ne dit pas l'âge.

5. Voir ci-dessus, p. 12.

6. Apul. *Apolog.* t. II, p. 495 : « Potius aliquid de rebus » pervulgatioribus et jam creditis fingendum esset, » etc.

que les leurs s'en seraient émus, à coup sûr, et
je ne m'étonnerais pas qu'en acceptant, sur la
seconde vue de l'enfance innocente [1], les idées de
leur temps, les chrétiens n'eussent, dans leur
simplicité, contribué à répandre un soupçon
qu'exploitait la haine.

Apulée proteste, dans sa défense, qu'en épou-
sant la riche Pudentilla il n'a point songé à l'intérêt : « Si vous établissez le contraire, dit-il, je
» veux être aux yeux de tous un Carimondas, un
» Damigéron, un Moïse, un Jannès, un Apollo-
» nius, un Dardanus ou tout autre de ces magi-
» ciens qui, depuis Zoroastre et Hostanès, se sont
» rendus célèbres dans leur art. » En entendant
nommer de pareils hommes, les assistants éclatent
en murmures et Apulée poursuit : « Vous voyez,
» Maxime, quel tumulte j'ai soulevé en citant ces
» quelques enchanteurs [2]. »

La répulsion dont ce passage témoigne nous
montre quels périls menaçaient les ouvriers de
maléfices, ceux mêmes dont les actes pouvaient
rappeler vaguement les pratiques devant lesquelles
tremblaient les âmes crédules.

---

1. « Innocens ætas, écrit saint Cyprien dans le passage
que je viens de transcrire. Apulée dit, de son côté :
« Animum humanum, præsertim puerilem et simplicem »
(*Apolog.* t. II, p. 498).

2. *Apolog.* t. II, p. 580, 581. Voir pour le magicien
Jannès, cité dans la deuxième épître à Timothée (III, 8),
Spencer, *Annotationes ad Origenis libros contra Celsum,* p.
55 ; Wolf, *Curæ philol. in Nov. Test.,* t. IV, p. 529, etc.

Les accusateurs d'Apulée le savaient bien, et il m'importe de rappeler encore ici deux de leurs allégations. Là magie, déjà démontrée par l'enchantement d'un jeune esclave, se révélait de plus à leurs yeux par les symboles secrets que leur adversaire tenait enfermés dans une pièce d'étoffe[1], par ses sacrifices nocturnes[2].

Ces deux chefs d'accusation se produisaient de même contre les chrétiens.

Leurs actes, leurs signes mystérieux, leurs réunions de nuit qui les faisaient suspects, comme nous l'apprend Minutius[3], appelaient le soupçon de maléfice : Si la chrétienne, épouse d'un gen-
» til, se rend aux convocations nocturnes, aux
» veillées de la Pâque, dit Tertullien, son mari le
» souffrira-t-il sans s'émouvoir? Si elle signe son
» lit et son corps, si elle souffle sur quelque esprit
» immonde, si, la nuit, elle se lève pour prier,
» ne croira-t-il pas à une œuvre magique? Et ce
» qu'il la verra goûter, en secret, avant chaque
» repas, admettra-t-il que ce ne soit que du pain?
» ne croira-t-il pas plutôt à quelque philtre[4]? »

1. T. II, p. 517.
2. T. II, p. 521.
3. *Octavius*, VIII : « Nocturnis congregationibus... fœderantur; » cf. dans les *Comptes-rendus de l'Académie des Inscriptions*, 1866, ma *Note sur les bases juridiques des poursuites dirigées contre les martyrs; Octavius*, IX : « Occultis » se notis et insignibus noscunt. »
4. *Ad uxorem*, II, 4 : « Quis nocturnis convocationibus, » si ita oportuerit, a latere suo adimi libenter ferat? quis

Le danger n'était point imaginaire; ces actes mystérieux faisaient des martyrs : « Que caches- » tu dans le pli de ta robe? » disaient des païens à Tarsicius qui portait les espèces eucharistiques. Les Gentils voulurent voir, et le diacre fut massacré pour n'avoir point consenti à trahir le secret des saints [1].

» denique solemnibus Paschæ abnoctantem securus susti- » nebit? » II, 5 : « Latebis tu cum lectulum, cum corpus- » culum tuum signas, cum aliquid immundum flatu explodis, » cum etiam per noctem exsurgis oratum, et non magiæ » aliquid videberis operari? Non sciet maritus quid secreto » ante omnem cibum gustes? Et si sciverit panem, non » illum credit esse qui dicitur? Et hæc ignorans quisque » rationem simpliciter sustinebit? Sine gemitu? Sine suspi- » cio panis an veneni? »

1. S. Damas. *Carm.* XVIII :

TARSICIVM SANCTVM CHRISTI SACRAMENTA GERENTEM
CVM MALESANA MANVS PETERET VVLGARE PROFANIS
IPSE ANIMAM POTIVS VOLVIT DIMITTERE CAESVS
PRODERE QVAM CANIBVS RABIDIS CAELESTIA MEMBRA

Les chrétiens avaient d'autres arcanes soigneusement cachés. Tels étaient la *crux gammata* que nous retrouvons aux Catacombes (Perret, *Catac.* t. V, pl. XXXIV, n° 96; De Rossi, *Inscr. christ. rom.* t. I, n° 159, etc.), les poissons d'agate que l'on portait au cou (De Rossi, ΙΧΘΥΣ, p. 12, etc), le nom de l'ΙΧΘΥΣ (S. August. *De Civ. Dei.* XVIII, 23, etc.), l'ancre, le X symboliques (De Rossi, *De christ. tit. Carth.* p. 26; ΙΧΘΥΣ, p. 17), les interrogations mystérieuses sur le sang, la chair du Fils de l'homme, incomprises même des catéchumènes (S. Aug. *Tract. XI in Joh.* § 3). Les symboles que cachait Apulée et sur lesquels Emilien fondait son accusation de magie, n'avaient certes rien de plus impénétrable, de plus suspect pour des regards ennemis.

Une autre accusation avait encore été portée
contre Apulée; celle de posséder un miroir. La
partie adverse y avait longuement et vivement
insisté [1]. Pour lui, il loue élégamment, dans sa
défense, cette surface polie qui reflète les images
et les montre vivantes tandis que la sculpture, la
peinture les reproduisent immobiles. Il parle des
miroirs concaves et convexes, de leur mode différent de réfraction, puis s'échappe par un trait
satirique à l'adresse d'Emilianus [2]. C'était fuir le
débat, et pourtant, dans les croyances d'alors, le
reproche valait qu'on y prît garde. Aux temps
antiques, comme plus tard, au moyen-âge [3], les
miroirs passaient pour un instrument de magie.
Pausanias dit que, dans certaines conditions, ils
montraient l'image des malades et annonçaient la
guérison ou la mort [4]; Philostrate en parle de
même dans sa vie d'Apollonius [5]. L'empereur
Didius Julien, pour connaître l'avenir, se servit
d'un de ces enfants enchantés que mentionne le
procès d'Apulée et, en même temps, d'un miroir [6].

C'était là un meuble de luxe, et tous n'en pou-

1. Apul. *Apolog.* t. II, p. 416 : « Sequitur etiam de speculo
» longa illa et censoria oratio, de quo, pro rei atrocitate,
» pœne diruptus est Pudens. »

2. P. 416-427.

3. Du Cange, v° *Specularii*.

4. L. VII, c. 21.

5. L. VIII, c. 9, éd. d'Oléarius, p. 340 : Διωρᾷν τε, ὥσπερ ἐκ
χατόπτρου αὐγῇ, πάντα γιγνόμενά τε χαὶ ἐσόμενα.

6. Spartian. *In Did. Jul.* VII.

vaient posséder. On employait aussi les liquides pour refléter les images, et une lettre attribuée à saint Justin, parle de l'eau et de l'huile dans lesquelles les femmes s'assuraient, dit le texte, de la puissance de leur beauté [1].

Les magiciens se servaient de même de la réfraction des liquides pour opérer la divination. Cette pratique se nommait la lécanomancie. Le roi Numa, suivant saint Augustin, l'avait employée [2]. On y avait recouru en Grèce, au temps de la guerre de Mithridate [3]. Strabon [4] et les *Apotelesmatica* [5], publiés sous le nom de Manéthon, le Pseudo-Callisthène [6], mentionnent cette pratique, et le livre des *Philosophumena* décrit les procédés matériels employés pour produire le prestige [7]. L'usage de ce moyen magique devait survivre au paganisme. Nous le trouvons mentionné dans Tzetzès [8], dans les scholies de Lycophron [9], dans la vie d'Andronic Comnène [10].

---

1. Epistola ad Zenam et Serenum, c. XV. Cf. Apul. *Apolog.* t. II, p. 425: « Cuncta specula uda vel suda. »

2. *Civ. Dei.* VII, 35.

3. Apul. *Apolog.* p. 497.

4. XVI, 2, 39.

5. IV, v. 206-213.

6. C. I (Bibl. grecque de Didot, à la suite d'Arrien).

7. IV, 4, 8.

8. *Lib. histor.* II, v. 633-635,

9. *Alexandr..* v. 813 (éd. Potter, p. 84).

10. Nicetas, *Vita Alex. Comn.* II, 9 (dans la Byzantine in-folio, p. 217, 218).

Il en est plus tard même d'autres exemples [1].

De l'âge de saint Calliste au XIIe siècle, l'espace est large et, devant la persistance singulière d'une semblable tradition, on se prend à chercher si des temps plus voisins du triomphe de l'Église ne fourniraient point des faits de même nature. Casaubon en a, le premier, signalé un dans le texte grec d'une vie de saint Hilarion.

L'on croyait autrefois que, dans les courses des chars, la puissance des enchantements pouvait faire obtenir la victoire; que des magiciens donnaient aux chevaux la vitesse ou les frappaient d'impuissance [2].

Un chrétien, nommé Italicus, toujours vaincu aux jeux du cirque, confia sa peine à saint Hilarion. Le saint l'écouta, se fit apporter le vase d'argile dans lequel il buvait, le remplit d'eau, et Italicus y vit apparaître l'image des chevaux, de l'écurie, des cochers et des chars; tout cela était ensorcelé par des adversaires. L'eau du vase sanctifié par Hilarion suffit à dissiper les pres-

---

1. J. Quicherat, *Procès de Jeanne d'Arc*, t. III, p. 143 et Thiers, *Traité des superstitions*, 1re partie, l. III, ch. I, éd. de 1741, p. 187, pour la divination par l'eau, au moyen des enfants; cf. p. 31.

2. Une constitution inscrite au Code Théodosien punit cette sorte de maléfice que mentionnent de même Arnobe, saint Jérôme, Ammien et Cassiodore. C. 11, De malefic. (IX, 16). Voir les notes de Godefroy, t. III, p. 143, de l'édition de Ritter.

tiges[1]. Saint Jérôme, qui rapporte le même miracle, mais sans mentionner toutefois le fait de lécanomancie, dit que les concurrents d'Italicus crièrent à la magie et demandèrent la mort du sorcier des chrétiens[2].

Le texte que cite et transcrit Casaubon, sans indication de source, se trouve dans un de nos manuscrits grecs du XIIᵉ siècle[3], et une rédaction inédite toute différente, que je lis dans un second recueil du même temps, donne aussi l'histoire d'Italicus avec toutes les particularités qu'on vient de voir[4]. Qu'il y faille s'arrêter comme à un fait incontestable, je n'oserais le prétendre, puisque saint Jérôme, tout en rappelant ici l'accusation de sorcellerie, ne parle point de l'image apparue dans l'eau; mais devant la fermeté d'une tradition dont témoignent deux textes

1. Voir les notes de Casaubon sur Spartien, *In Did. Jul.* VII. Cf. au sujet de la citation de Casaubon, Rosweyde, *De vitis Patrum*, p. 87, 88; Tillemont, *Hist. eccl.* t. VII, p. 781. Les Bollandistes ne donnent que le texte de saint Jérôme et se bornent, pour la vie grecque, à renvoyer aux observations de Rosweyde (21 oct., p. 50).

2. *Vita S. Hilarionis*. « Porro furentes adversarii Hilario-» nem maleficum christianorum ad supplicium poscunt. »

3. Ms. de Coislin, n° 145, f° 167, recto.

4. Ms. de Coislin, n° 110, f° 98, recto : .....Κελεύει οὖν ὁ ὅσιος δυσωπηθεὶς ὑπ'αὐτοῦ τε καὶ τῶν παρόντων ἀδελφῶν, τὸ ποτήριον ἐν ᾧ ἔπινεν (ὀστράκινον δὲ ἦν) πληρωθῆναι ὕδατος καὶ δοθῆναι αὐτῷ. Ὡς οὖν ἐδέξατο τοῦτο ὁ Ἰταλικὸς, εἶδεν ἐν τῷ ὕδατι τοῦ ποτηρίου τούς τε ἵππους αὐτοῦ καὶ τὸν ἱππῶνα, καὶ τοὺς ἡνιόχους καὶ τὰ ἅρματα, ὅπως ὑπὸ τῆς τῶν ἐναντίων περιεργίας κατεδέδεντο, etc.

différents, devant la perpétuation du recours à la lécanomancie, d'après la nature des cris poussés par les païens contre saint Hilarion, je ne saurais guères m'étonner qu'un chrétien du IVe siècle, cédant, comme l'avait fait saint Cyprien[1], à l'influence des idées de son temps, et se rappelant au besoin la coupe divinatoire du patriarche Joseph[2], n'ait cherché, dans les reflets des liquides, la révélation des choses cachées.

Je me trouverai sur un terrain plus ferme et en présence de documents antiques pour parler de saint Athanase. « On le disait, écrit Ammien » Marcellin, habile dans la divination, consommé » dans la science des augures; il avait, par ce » moyen, et plusieurs fois, annoncé l'avenir[3]. » L'on parlait ainsi en effet du saint évêque; nous en trouvons la preuve dans Sozomène, en même temps que le récit d'un fait qui dut, s'il faut y croire, accréditer singulièrement le soupçon. « La prescience d'Athanase, écrit l'historien, le » faisait accuser de magie par les gentils et par » les hérétiques. Un jour qu'une corneille passait » auprès de lui en croassant, la foule païenne lui » demanda, par dérision, ce qu'annonçait ce cri. » L'évêque répondit en souriant : L'oiseau dit » *Cras* et vous prédit que la journée de demain

---

1. Voir ci-dessus. p. 12.

2. *Genes.* XLIV, 5 : « Scyphus quem furati estis ipse est » in quo bibit Dominus meus, et in quo augurari solet. »

. 3. XV, 7.

» ne vous sera pas favorable. Demain, l'empereur
» vous défendra de célébrer la fête. Cette inter-
» prétation fit rire; pourtant, l'évêque disait vrai.
» Le lendemain, des lettres impériales furent
» remises aux magistrats, interdisant aux idolâtres
» l'entrée aux temples et les réunions religieuses.
» Ainsi fut abolie la plus grande fête des païens [1]. »

Mais nous voici loin du temps des persécutions et, quelque intérêt que présente, pour ma recherche, l'étude des années qui les suivirent immédiatement, j'ai hâte de revenir à l'âge héroïque du christianisme.

Dans un passage que j'ai cité plus haut, Tertullien nous montre le fidèle écartant par son souffle l'esprit immonde [2]. Il n'était point, chez les chrétiens, de pratique plus répandue et, avant Tertullien, saint Irénée [3] mentionne cette coutume que nous retrouvons plus tard dans les livres d'Eusèbe [4], de Prudence [5], de Sulpice Sévère [6] et d'autres

---

1. Sozom. *H. E.* IV, 10. cf. Théodoret. *H. E.* I, 30. Le mot *Cras*, prononcé en pays grec, semblerait peut-être singulier si l'on ne se rappelait que, suivant les croyances d'alors, les démons se seraient souvent exprimés en langue étrangère. (Lucian. *Philopseud.* § XVI Hieron. *Vita S. Hilarionis*).

2. Ci-dessus, p. 16; voir encore *Apologet.* XXIII; *De idolol.* XI.

3. L. I, c. 13, § 4 (éd. Massuet).

4. *H. E.* VII, 10.

5. *Peristeph.* X. S. Roman. v. 920.

6. *Dialog.* III, 8.

écrivains [1]. Là encore, les païens, s'ils voulaient prêter attention, pouvaient voir un trait de ressemblance avec les procédés de la magie. Les sorcières thessaliennes, au temps de la République; au IIIe siècle, les faiseurs de prestiges, opéraient par le souffle leurs prétendus miracles et leurs enchantements. Lucain [2] et Origène [3] en témoignent à la fois, et l'identité de pratique pouvait exposer les fidèles à se voir confondus avec ceux dont ils détestaient le plus les actes.

Nous l'avons vu déjà, la puissance de l'exorcisme chassait les démons. La guérison des possédés se tentait également chez les païens, mais, aux yeux de ces derniers, si empressés qu'ils fussent à amener aux chrétiens leurs malades pris du *morbus sacer* [4], une telle œuvre était magique [5].

1. Du Cange, v° *Exsufflare*, etc.

2. *Pharsal.* VI, v. 491 et 522. D'après un ancien manuscrit, les Argonautiques de Valerius Flaccus pourraient fournir ici un témoignage de même nature. Cf. dans l'édition de Burmann, revue par Harles (1781, in-8°), la note sur le vers 441 du livre VI.

3. *Contra Cels.* l. I, p. 53.

4. Tert. *Apol.* XXXVII; *Ad Scapul.* IV. Ainsi que veut bien me l'apprendre M. Renan, les musulmans agissent encore de même et demandent aux couvents de Saint-Antoine la guérison des possédés. Voir, pour le respect superstitieux que les saints des chrétiens inspirent aux Mahométans, Renan, *les Apôtres*, p. 176, et Reinaud, *Monuments du cabinet de M. de Blacas*, t. I, p. 184 et suivantes.

5. *Note sur les bases juridiques des poursuites dirigées contre les martyrs.*

Répéter, comme le faisaient les fidèles, que les génies infernaux chassés par leurs prières n'étaient autres que les dieux de l'Olympe, Saturne, Jupiter, Esculape, Mercure, Sérapis [1], c'était conduire encore les païens à leur conclusion accoutumée. Le pouvoir de violenter les dieux d'en haut était aussi, selon les idolâtres, un privilége de la magie [2]. Ceux donc qui, par des armes surnaturelles, s'attaquaient à la possession, étaient, dans la persuasion commune, des misérables voués aux pratiques occultes, et la puissance dont se vantaient les premiers fidèles ne pouvait que répandre contre eux le terrible soupçon de maléfice [3].

Les chrétiens priaient en se tournant vers l'orient; ils fêtaient le *Dies solis* et, Tertullien le dit, les persécuteurs voyaient dans ces deux actes la marque d'un culte rendu au Soleil [4]. Une autre

1. Minut. Fel. *Octavius*, XXVII; Tertull. *Apologet.* XXXIII. Cf. Theophil. *Ad Autolyc.* II, 8; Sulp. Sev. *Dialog.* III, § 6, etc.

2. Quintil. *Declam.* X, § 7 : « Magum... cujus horrido mur» mure, imperiosisque verbis Dii superi manesque tor» quentur ». § 19 : « At tu, cujus in leges Dii superi manes» que torquentur ». Cf. Luc. *Phars.* VI, v. 492 et suiv.; Claudian. *In Rufin.* I, v. 149.

3. *Note sur les bases juridiques des poursuites dirigées contre les martyrs.*

4. *Apologet.* XVI : « Alii plane humanius vel verisimilius » Solem credunt Deum nostrum... Denique inde suspicio » quod innotuerit nos ad orientis regionem precari... Æque » si diem solis lætitiæ indulgemus, alia longe ratione quam » religione Solis. »

circonstance affermissait peut-être cette croyance. L'un des textes de l'Écriture les mieux connus par les gentils, puisque les martyrs avaient coutume de le répéter devant le tribunal, c'était le passage de l'Exode : *Qui immolat diis occidetur, præterquam Domino soli*[1]. A entendre ces mots, les païens pouvaient se souvenir d'une formule courante dans leurs textes, dans les légendes de leurs médailles et de leurs marbres : *Dominus Sol*[2] et, nous l'apprenons de saint Augustin, le verset cité par les fils de l'Église semblait en effet à plus d'un ordonner des sacrifices au Soleil[3].

Prier en regardant l'orient, adorer *Hélios*, c'étaient encore là des traits de ressemblance avec les magiciens. Apollonius[4], les Brachmanes[5], ne

1. Voir, sur ce point, *Mémoire sur l'exhortation au martyre* (sous presse).

2. Spanheim, *Les Césars de l'empereur Julien*, Preuves, p. 54; Eckhel, *Doctr. num. vet.* t. VII, p. 249, 250, et Orelli, *Inscript.* n° 4792. Voir, pour le titre de *Dominus* donné à d'autres divinités, Eckhel, t. II, p. 452; Marini, *Arvali*, p. 25 et 212; Orelli, n° 4918.

3. S. Aug. *Civ. Dei.* XIX, 23 : « ..... Ne forte in eo quod » ait *nisi Domino Soli*, Dominum solem credat esse quis- » piam, cui sacrificandum putat; quod ne ita esse intelli- » gendum in iis Scripturis græcis facillime intelligitur. » Je dois, en produisant ce passage, avertir le lecteur que saint Augustin a pu avoir ici en vue les Manichéens qui, se fondant sur le texte *Ego sum lux mundi*, assimilaient le Christ au Soleil (*Tractat.* XXXIV, in Joh. § 2).

4. Philostr. *Vita Apollonii*, II, 38; VIII, 13; cf. I, 34.

5. *Id.* II, 14 et 33.

vouaient-ils pas au roi des astres un culte de chaque jour et, pour faire parler un cadavre, le prophète égyptien qu'Apulée met en scène ne se tournait-il point vers l'orient en adressant une prière au Soleil[1]?

Ainsi donc, un fait incontesté, un autre qu'en induisaient les gentils, rapprochaient à leurs yeux les chrétiens des enchanteurs, et, devant la haine superstitieuse qu'inspiraient ces ouvriers de maléfices, les miracles obtenus par les fidèles devaient accroître le suspicion et le danger; une autre particularité semble permettre de le croire.

' Une loi de Constance proscrit les magiciens qui troublent, par leurs charmes, l'ordre de la nature : *Ausi sunt elementa turbare*, dit l'empereur[2]. Cela nous reporte au IVe siècle; mais si nous ne trouvons pas, sur cette matière, de textes légaux d'une date antérieure, les écrivains du haut Empire nous montrent que, dès les temps anciens, l'on croyait à cette action de la magie. « Nos » ancêtres, dans leur simplicité, dit Sénèque, » pensaient que les charmes pouvaient attirer ou « repousser les orages[3]. » Ovide[4], Lucain[5],

----

1. Apul. *Metam.* II, t. I, p. 161 : « Tunc orientem obver-» sus, et incrementa Solis augusti tacitus imprecatus... »

2. *Cod. Theod.* c. 6. De malefic. (IX, 16); cf. Eunap. *Vitæ Sophist.* Ædesius, éd. Didot, p. 463.

3. *Nat. quæst.* l. IV, c. 7.

4. *Amor.* I, 8 :

   « Quum voluit, toto glomerantur nubila cœlo. »

5. *Pharsal.* VI, v. 465-467 :

Tibulle [1] attestent la popularité de cette persuasion, répandue chez les nations grecques dès le
temps d'Empédocle [2] et que devait garder le
moyen-âge [3]. Il est, dans l'histoire de Marc-Aurèle,
un fait célèbre que chrétiens et païens ont souvent
rappelé et dont l'art antique a de même perpétué
le souvenir [4]. Je veux parler de l'orage qui sauva,
lors de l'expédition contre les Quades, les Romains
accablés par la soif. Les fidèles y reconnaissaient
un miracle de Dieu et, depuis le temps des premiers apologistes, l'Église montrait, dans ce
phénomène, une marque de la puissance de ses
prières [5]. C'était là un danger, si l'on songe aux
idées d'alors. Sous leur impression, plus d'un
païen voyait dans la tempête qui fut le salut de
l'armée l'œuvre des enchanteurs. On parlait d'un
mage égyptien, Arnuphis, et de ses invocations à
Mercure et à quelques démons. Dion Cassius le dit [6]

« .... Nunc omnia complent
» Imbribus et calido producunt nubila Phœbo,
» Et tonat ignaro cœlum Jove...... »

1. *Eleg.* I, 2 : « Quum libet, æstivas convocat ore nives. »
2. Diog. Laert. *De vitis Philos.* l. VI, éd. de 1694, p. 228.
3. Du Cange, v° *Tempestarii.*
4. Voir les bas-reliefs de la colonne Antonine et Themis-
tius, *Orat.* XV, p. 191.
5. Apollinaire, cité par Eusèbe, *H. E.* V, 5; Tertull.
Apologet. V.
6. *Hist. rom.* LXXI, 8 : Καὶ γάρ τοι λόγος ἔχει Ἀρνοῦφιν τινα
μάγον Αἰγύπτιον, συνόντα τῷ Μάρκῳ, ἄλλους τὲ τινας δαίμονας, καὶ τὸν
Ἑρμῆν τὸν ἀέριον ὅτι μάλιστα, μαγγανείαις τισὶν ἐπικαλέσασθαι καὶ
δι᾽ αὐτῶν τὸν ὄμβρον ἐπισπάσασθαι. Cf. Suidas, v° Ἀρνοῦφις. Lam-

et Claudien le répète [1]. Réclamer l'honneur d'avoir fait tomber, chez les Quades, la pluie, la grêle et le tonnerre, c'était donc, pour les chrétiens déjà suspects, revendiquer ce que les gentils attribuaient à des enchanteurs, augmenter ainsi la défiance et peut-être appeler, pour plus tard, des rigueurs nouvelles.

Qu'avait été l'enfance du maître dont la parole faisait tressaillir le monde? qu'avait-il fait avant l'heure de sa vie publique? Chez les gentils, comme parmi les chrétiens, plus d'un s'était adressé cette question. Le philosophe que combat Origène la tranchait tout d'abord dans un sens conforme au préjugé des idolâtres. Le Christ enfant était venu en Egypte, cette terre classique des devins et des enchanteurs [2]; il y avait, dans la pensée de Celse, appris les secrets de magie qui devaient l'illustrer plus tard [3]. L'évangile apocryphe de saint Thomas, répandu, parait-il, chez les fidèles, dès le

prid. *In Heliog.* IX, et pour l'Ἑρμῆς ἀέριος dont parle Dion Cassius, Jablonski, *Pantheon Ægyptiorum*, l. V.

1. *In Sext. cons. Honor.* v. 348, 349 :

 « .... Chaldæa mago seu carmina ritu
 » Armavere Deos. »

2. Clem. Rom. *Recogn.* I, 5; Apul. *Metam.* II, t. I, p. 161; Orig. *Contra Cels.* l. I, p. 53; Lucian. *Philopseud.* XXXIV; Joseph. *Ant. Jud.* XX, 6; *Bell. Jud.* II, 12; Dio Cass. LXXI, 8; Euseb. *H. E.* VII, 10; *Vita Const.* II, 4; Auson. *Epist.* XIX, v. 18; Rufin. *Hist. eccl.* II, 26; cf. *Acta Apost.* VII, 22, etc

3. Orig. *Contra Cels.* l. I, p. 22, 30, 34.

IIe siècle, n'était point fait assurément pour dissiper une telle croyance. Si, dans ce livre qui raconte les premières années du Sauveur, Jésus est déjà tout puissant, il est parfois méchant et redoutable. Malheur à ceux de ses compagnons qui le troublent dans ses jeux, malheur à ceux qui le heurtent par mégarde ; leurs membres se dessèchent, la mort les frappe, et les parents qui se plaignent et s'indignent d'un pareil châtiment perdent la vue[1]. « Dans l'Evangile de saint Thomas, dit » le savant M. Wallon, l'enfant Jésus est un petit » magicien, et un magicien de la pire espèce[2]. » Que devaient penser les païens devant de semblables récits ? Quel parti n'en devait point tirer la malignité de ceux qui présentaient le Christ comme un enchanteur[3], qui, pour le calomnier, écrivaient de faux actes de sa condamnation, les faisaient publier en tout lieu et les donnaient même à apprendre aux enfants des écoles[4] ? Pour la foule ignorante et crédule, plus d'un fait relatif à la vie du Sauveur pouvait tendre d'ailleurs à faire croire aux maléfices. Des mages étaient venus adorer Jésus dès sa naissance, et un passage de Tertullien montre que, de son temps, chez les fidèles eux-

1. *Evang. Thomæ Israel.* c. 3, 4 et 5, dans Thilo, *Cod. Apocr. Novi Testament.* t. I, p. 283-287.

2. *De la croyance due à l'Evangile,* 1858, in-8°, p. 282.

3. *Note sur les bases juridiques des poursuites dirigées contre les martyrs.*

4. Euseb. *Hist. eccl.* IX, 5 et 7.

mêmes, ces missionnaires de l'orient étaient regardés comme des hommes voués aux sciences occultes [1]. Il en était sans doute encore de même au IVe siècle, puisque nous voyons alors saint Basile s'efforcer d'établir que l'étoile conductrice n'avait rien de commun avec celles que consultent les sorciers et les devins [2]. Aux yeux des idolâtres, le récit de l'Évangile devait donc, selon toute apparence, montrer la crèche de Bethléem entourée de magiciens et d'astrologues.

Un fait de même ordre se remarquait dans les dernières heures de Jésus-Christ. « Comme Pilate » était assis sur son tribunal, sa femme lui envoya » dire : Qu'il n'y ait rien entre vous et ce juste, » car j'ai été aujourd'hui fort tourmentée en songe, » à cause de lui. » Ainsi parle l'Évangile [3]. C'était, chez les anciens, israélites, chrétiens et infidèles, une croyance générale que les rêves étaient envoyés par des enchanteurs. Pour ne citer ici qu'un seul exemple, je rappellerai que Tibère, sollicité en songe de donner à quelqu'un une somme d'argent, fit tuer ce malheureux, persuadé qu'un démon lui avait été dépêché par puissance magique [4]. Je m'étonnerais certes que les païens n'eussent point vu,

---

1. *De idolol.* c. IX. Voir encore, à ce sujet, Origen. *Contra Celsum.* l. I, p. 45.

2. *Homil. in sanctam Christi generationem,* § 6 (t. II, p. 601).

3. Matth. XXVII, 19.

4. Dio Cass. LVII, *Tiber.* III, 15; cf. S. Just. *Apolog.* I,

dans le fait dénoncé à Pilate, la marque d'une œuvre surnaturelle, car les juifs et les chrétiens n'hésitaient point à croire que ce rêve venait de l'esprit malin. Nous en avons une double preuve. Dans l'évangile de Nicodème, les juifs disent au Procurateur de la Judée : « Ne t'avions-nous pas annoncé que Jésus était » un magicien? voilà qu'il a envoyé un songe » à ta femme[1]. » Saint Ignace explique aux Philippiens que le démon, reconnaissant enfin dans la croix le salut du monde, avait voulu empêcher le supplice du Seigneur en effrayant la femme de Pilate[2].

Les chrétiens écrivaient qu'Orphée, attirant à lui les bêtes sauvages, était le type de Jésus-Christ entraînant les hommes par sa parole[3], et, dès les premiers âges, cette pensée trouvait place dans leur symbolisme; deux célèbres peintures des catacombes représentent en effet le chantre de Thrace jouant de la lyre et entouré d'animaux[4]. Nous voyons en même temps saint Justin dire que, venu en Égypte, Orphée y avait étudié la

18; Tertull. *Apologet.* XXII; Euseb. *Hist. eccl.* IV, 7; S. August. *Epist.* IX, ad Nebrid. § 2; etc.

1. C. II (Thilo, *Cod. apocr.* p. 224).

2. *Ep. ad Philipp.* c. IV (Cotelerius, *Patres apost.* t. I, pars II, p. 119).

3. Euseb. *De laudib. Const.* c. XV; cf. Clem. Alex. *Cohort. ad gentes,* I.

4. Bottari. *Scult. e pitt. della Roma Sotterr.* Tav. LXIII et LXXVIII.

doctrine de Moïse [1]. C'était là tout d'abord une cause de suspicion, puisque, comme je le montrerai bientôt, Moïse était, pour les païens, un enchanteur de premier ordre; Pausanias et Diodore de Sicile nous apprennent nettement d'ailleurs qu'Orphée était lui-même regardé comme un magicien [2]. Le double rapprochement fait par les fidèles entre Jésus-Christ et ce personnage devait donc être, pour les gentils, comme une proclamation et une marque de la puissance magique attribuée au Sauveur et le complet accord des écrits et des symboles chrétiens ne pouvait à coup sûr que confirmer la pensée du vulgaire idolâtre.

Je viens de toucher, par un point, au domaine de l'antiquité figurée. Il n'y a peut-être, dans ce qui me reste à dire, en demeurant dans cette voie, qu'une préoccupation d'archéologue, et je craindrais d'y trop insister; mais, je dois le noter cependant, les œuvres d'art exécutées par les premiers fidèles me semblent avoir pu contribuer à affermir le soupçon que l'ignorance répandait contre l'Église.

J'expose ailleurs comment les idolâtres tenaient pour magicien, en même temps que le Christ, le prince des apôtres [3]; un texte d'Apulée, que j'ai rap-

1. *Cohort. ad Græcos*, c. XIV.

2. Pausanias, l. VI, c. 20 ; Diod. Sicul. V, 64; cf. Clem. Alex. *Cohort. ad gentes*, c. I.

3. *Note sur les bases juridiques des poursuites dirigées contre les martyrs.*

pelé plus haut, montre que cette accusation s'étendait de plus sur Moïse[1]; Strabon[2], Pline[3] nomment
de même le chef des juifs parmi les enchanteurs
fameux, et Celse le considère aussi comme un
auteur de maléfices[4].

Or, selon une croyance commune aux temps
antiques et aux âges suivants et que partageaient
les chrétiens eux-mêmes[5], le symbole, l'instrument
de la magie était la baguette. C'est avec son aide
que Circé métamorphose les compagnons d'Ulysse
et dénoue plus tard l'enchantement[6]; sa baguette
transforme aussi Picus[7]. On ne l'apprenait point
seulement dans les œuvres des poètes. Les peintres,
les sculpteurs plaçaient de même la verge toute

1. Ci-dessus,. p. 15. et Josephe, *Contra Appion*, II, 6.

2. XVI, 2, 39 : Τοιοῦτος δὲ τις ἦν καὶ ὁ Μωσῆς καὶ οἱ διαδεξάμενοι ἐκεῖνον, τὰς μὲν ἀρχὰς λαβόντες οὐ φαύλας, ἐκτραπόμενοι δ'ἐπὶ τὸ χεῖρον.

3. *H. N.* XXXII, 2 : « Est et alia magices factio a Mose et Jamne et Josape, judæis, pendens. »

4. Orig. *Contra Celsum*, l. I, p. 17 : Ὅτι τῷ ἡγησαμένῳ σφῶν ἑπόμενοι Μωϋσῇ αἰπόλοι καὶ ποιμένες, ἀγρόικοις ἀπάταις ψυχαγωγηθέντες ἕνα ἐνόμισαν ἔιναι Θεόν .p. 20 : Αὐτοὺς σέβειν ἀγγέλους καὶ γοητείᾳ προσκεῖσθαι, ἧς ὁ Μωϋσῆς αὐτοῖς γέγονεν ἐξηγητής.

5. Prudence, *Contra Symmach.* l. I, v, 89-91, dit en parlant de Mercure :

   « Necnon thessalicæ doctissimus ille magiæ
   « Traditur extinctas, sumptæ moderamine virgæ,
   « In lucem revocasse animas. »

6. *Odyss.* X, v. 293 et 388.

7. *Æneid.* VII, v. 189-191 ; Ovid. *Metam.* XIV, v. 278 ; cf. v. 295, 300, 413.

puissante aux mains des magiciens. Un vase célèbre nous montre une sorcière tenant la baguette et faisant, par ses invocations, descendre la lune sur la terre [1]; un autre vase [2], une fresque de Pompei [3] portent Circé armée de même et assise en face d'un des compagnons d'Ulysse. S'il était, dans l'antiquité, des représentations fréquemment reproduites et présentes à la mémoire de tous, ce devaient être, à coup sûr, celles que l'on répandait dans les écoles pour l'éducation de la jeunesse. Telles paraissent être, d'après les dernières observations [4], les petites tables de stuc ou de marbre sur lesquelles se détachaient en relief les faits de l'Odyssée et de l'Iliade. L'une d'elles montre Circé rendant la forme humaine à ceux qu'elle avait métamorphosés. Sur ce monument, la baguette se trouve encore dans sa main [5].

1. Lenormant et de Witte, *Élite des monuments céramographiques*, t. II, pl. CXVIII et p. 389, 390.

. 2. M. de Witte a vu, dans la collection Torrusio, ce vase inédit qu'il cite en passant dans son intéressante *Étude sur les vases peints*, p. 92.

3. Voir, pour cette peinture publiée avec une autre explication par Finati (*Museo Borbonico*, t. X, tav. LVII) et Inghirami (*Galleria Omerica*, Odissea, tav. CVII), une dissertation de Raoul Rochette (*Odysséide*, p. 359-361) dont M. de Witte partage le sentiment.

4. *Corpus inscr. grœc.* t. III, p. 849.

5. R. Venuti, *La favola di Circe*, 1758, in-4°, donne un dessin de cette table, également reproduite par Barthélemy, *Acad. des inscr.* t. XXVIII, pl. II, Inghirami, *Galleria Omerica*, Odissea, tav. L. Millin, *Galerie myth.* pl. CLXXIV, etc.

Jetons maintenant un regard sur les œuvres peintes et sculptées qu'ont laissées les premiers fidèles. Il en est trois sortes principales : les fresques, les verres, les sarcophages. Si le plus grand nombre des monuments des deux dernières sortes ne semble point antérieur au IVe siècle, les fresques retrouvées aux catacombes nous reportent à un âge plus ancien. Dans ces peintures, ceux-là mêmes que les païens accusaient de maléfices, le Christ, Moïse, tiennent la baguette, alors qu'ils accomplissent des miracles[1], et figurent ainsi tels que les gentils avaient coutume de représenter les magiciens. Ces images, qui se trouvent sur les sarcophages et sur les verres dorés[2] où l'on voit encore la baguette aux mains de saint Pierre[3], d'autres tableaux moins durables et qui ne nous sont point parvenus, n'étaient pas faits, à coup sûr, pour dissiper le soupçon conçu par les païens, et peut-être ont-elles contribué, je le répète, à affermir, chez ces derniers, l'idée bizarre qu'ils se faisaient des fidèles.

1. Pour le Christ, voir Bosio, *Roma Sotteranea,* p. 57, 359, etc. ; pour Moïse, p. 59, 359, etc.

2. Pour le Christ, Bosio, p. 57, 81, etc. ; Garrucci, *Vetri,* Tav. VIII ; Pour Moïse, Bosio, p. 57. 87, etc. ; Garrucci, *Vetri,* Tav. II, n° 10, Tav. X, n° 9.

3. Garrucci, *Vetri,* Tav. X, n° 9 ; cf. Bottari, *Sculture e pitture della Roma Sott.,* Tav. LXXXV et De Rossi, *Bull. arch. crist.* 1865, p. 69.

LIVRES

IMPRIMÉS A CLUNY EN 1493.

Par M. Auguste BERNARD, Membre honoraire.

Mémoire lu en séance les 18 février et 1er juillet 1868.

Quelques bibliographes ont cité comme curiosité un missel in-folio fort rare[1], particulier à l'ordre de Cluny et imprimé dans la célèbre abbaye de ce nom, en 1493; mais ils ignorent qu'il fut imprimé, dans le même lieu et la même année, un Psautier, probablement dans le même format et avec les mêmes caractères. Je dis probablement, car on ne connaît pas un seul exemplaire de ce second livre. Tous deux furent imprimés par Michel Wenssler, citoyen de Bâle, que les religieux firent venir pour cela à Cluny et qu'ils défrayèrent. Au reste, si l'on s'en rapporte aux

1. Il n'est pas mentionné dans le *Manuel du libraire.*

termes de la souscription du missel, Wenssler fit cette besogne plutôt par dévotion que par esprit de lucre, ce qui donne à croire qu'il ne fut pas payé bien largement. Cependant le monastère ne dut pas moins tirer un certain bénéfice de son entreprise, grâce au moyen qu'il employa pour écouler ses impressions, comme nous le verrons plus bas.

L'existence du Psautier de Cluny nous est révélée dans un curieux document original conservé aujourd'hui dans la bibliothèque publique de cette petite ville et provenant des archives de son abbaye : c'est une lettre des diffiniteurs du chapitre général de l'ordre en 1493, adressée à toutes les maisons qui en dépendaient, pour leur ordonner de prendre, en les payant à un prix fixé, un nombre de missels et de psautiers proportionné au nombre des moinès qui s'y trouvaient, et cette proportion est très-forte, car elle répond au moins à un volume par religieux, ce qui suppose un tirage très-considérable, attendu la quantité de moines que possédait encore l'ordre au XVe siècle.

Le prix de chaque psautier est d'un écu d'or au coin du roi, qui valait alors trente-quatre sous, et celui du missel, de deux livres tournois, c'est-à-dire de six sous de plus.

Pour donner une idée de la valeur relative de ces prix, nous allons décrire ici le missel, d'après les deux seuls exemplaires existant à notre connaissance, l'un à la bibliothèque impériale, l'autre

à la bibliothèque de Cluny. C'est le seul des deux
ouvrages imprimés à Cluny en 1493, par Wenssler,
qui soit connu. Il forme un in-folio de 159 feuilles
ou 318 feuillets (636 pages), en caractères
gothiques. Les grandes majuscules sont peintes,
les autres sont imprimées en rouge, suivant
l'usage.

L'ouvrage est composé de cinq parties distinctes:

1°. Le calendrier, formant un cahier de 3 feuilles
ou 6 feuillets, sans signatures ni folios.

2°. Le Missel proprement dit, qui se compose
des signatures *a* à *t* et de quelques feuillets sans
signatures ni folios. Les folios imprimés s'arrêtent
à 149[1]. Le nombre des feuillets est de 168, soit
84 feuilles en 18 cahiers de 8 feuillets *(a* à *s);*
1 de 10 feuillets *(t);* plus 8 feuillets sans signa-
ture et à longues lignes. Ce sont des additions qui
ont été faites quand déjà la partie suivante était
commencée. La première page de cette 2° partie
commence ainsi : « Missale ordinis Cluniacensis
» ex antiquioribus et autenticis exemplaribus sacri
» monasterii Cluniacensis diligentissime emen-
» datum. » Au folio 85 (vendredi saint), on prie

---

1. Il y a des erreurs dans les folios (qui sont bien entendu
en chiffres romains), mais elles sont sans conséquence sur
le chiffre final, qui est exact, c'est-à-dire correspond bien
au 159° feuillet. Ces folios sont imprimés au recto de chaque
feuillet, et en rouge. Toutefois, on les a imprimés en noir
lorsqu'il n'y a point de lettre rouge dans la page, pour
éviter un travail particulier pour un folio seul.

pour *notre très-chrétien empereur*. Il n'est pas
question du roi. Au folio 157 (non numéroté),
verso, on voit une grande gravure en bois représentant Jésus en croix, la Sainte Vierge et saint
Jean sont de chaque côté et, aux quatre coins,
les attributs des quatre évangélistes [1].

3°. Les communs des apôtres, des martyrs,
etc. (incipit commune de apostolis, etc.), signatures
A à N ; 108 feuillets, soit 13 cahiers, dont 11 de
8 feuillets et 2 de 10 (B et N). Les folios continuent
ceux de la première série, c'est-à-dire qu'ils commencent par 150 et vont jusqu'à 257. Nous
ferons remarquer que ces folios ne corespondent
pas régulièrement aux signatures puisqu'ils commencent par un nombre pair. Il en est de même
pour la partie suivante.

4°. Les proses pour différentes fêtes (Dominica
prima de adventu Domini, prosa, etc.), formant
deux cahiers de 8 feuillets chacun, soit 16 feuillets,
signatures *aa* et *bb*. Les folios de cette partie
continuent la série de la partie précédente, mais
en laissant entre les deux une lacune de deux
folios (158 et 159). Elle va de 260 à 275.

5°. Enfin viennent trois cahiers commençant

---

1. Il y a ici, dans l'exemplaire de Cluny, 10 feuillets manuscrits, renfermant différentes prières, et dont le papier
semble le même que celui des feuillets imprimés. Cet
exemplaire porte aussi en marge des feuillets imprimés des
corrections faites dans le texte, ainsi que des rectifications
et additions.

ainsi : « De sanctæ et individuæ Trinitatis introi-
tu, » et dont les signatures sont i, ii, iii, iiii
(8 feuillets), — v, vi, vij, viij (8 feuillets), — ix,
x, xi, xij, xiij (10 feuillets dont le dernier est
blanc). — Total, 26 feuillets sans folios et à deux
colonnes.

Voici la souscription qu'on lit sur le recto de
l'avant-dernier feuillet (nous restituons les abré-
viations, que nous ne pourrions pas rendre avec
les caractères actuels, seulement nous signalons
la fin des lignes par un trait perpendiculaire) :

« Reverendissimus pater et dominus dominus
» Jacobus de Amboysia | abbas sacri monasterii
» Cluniacensis, de consilio reverendi patris |
» domini Anthonii de Rupe, decretorum doctoris,
» majoris Cluniacensis, | Mortuaque[1] ac Charitatis
» prioratuum prioris dignissimi, cetero | rumque
» reverendorum patrum, seniorum et dominorum,
» per multa tempora in | regula sanctissimi patris

1. C'est par élision que ce mot est écrit ainsi. Il faut lire
Mortua Aqua. Il s'agit de Morteau, prieuré de l'ordre de
Cluny situé dans le diocèse de Besançon, dont était en effet
prieur Antoine de Roche, grand-prieur de Cluny et aussi
prieur de la Charité, docteur et professeur de droit-canon
dans l'Université de Dôle en Franche-Comté. Pieux amateur
des sciences et zélé pour la gloire de son ordre, il fonda,
dans le même temps, à ses frais, en faveur de l'ordre de
Cluny, dans la ville où il professait avec éclat, un collége
sous l'invocation de saint Jérôme. Ce collége, comme celui
que le même ordre avait à Paris, rue des Grès, subsista
jusqu'à l'époque de la Révolution.

» et legislatoris nostri Benedicti, et secundum
» dicti | monasterii approbata statuta exercitato-
» rum : presens missale ordi | nari fecit : quod
» tandem industriosus, ingeniosusque vir magister
» Michael Wenssler, civis Basiliensis, plus affectu
» devotionis quam lucran | di causa, impressit in
» Cluniaco. Anno Domini millesimo quadrin | gen-
» tesimo nonagesimo tercio, die nona mensis
» junii. »

(Et au dessous deux écussons portant, je crois,
les armes de la ville de Bâle et celles de l'impri-
meur Wenssler).

On voit, par les termes de cette souscription,
que l'impression du missel ne fut achevée que le
9 juin : encore restait-il à faire l'enluminage des
grandes initiales et la reliure, ce qui devait
demander quelque temps. Toutefois, dès le 5 mai,
les diffiniteurs du chapitre général de l'ordre, qui
s'était ouvert, suivant l'usage, le dimanche où
l'on chante dans l'église catholique *Lœtare Jeru-
salem*, qui tomba le 28 avril en 1493, lançaient
une circulaire adressée à tous les curés, chapelains,
prêtres, clercs, notaires et autres personnes
publiques, pour leur annoncer l'impression à
grand nombre (in magno et copioso numero) et
à grands frais d'un psautier, avec antiennes,
hymnes, collectes, etc., et d'un missel de l'ordre
de Cluny, avec l'assentiment de tout le monastère.
« Considérant, disent-ils, l'utilité et la nécessité
d'un si louable travail, les dépenses qu'il a exigées

et dont il convient de décharger l'abbé, le grand-prieur et le couvent; voulant pourvoir à leur indemnité et à l'utilité de tous les membres et sujets de l'ordre, après mûre délibération, ils ont ordonné que tous les abbés des monastères ayant trente moines et plus, et les prieurs des quatre grands prieurés qui sont dits filles de Cluny, seront tenus de recevoir, chacun pour eux et leurs monastères, 24 psautiers et 24 missels; les abbés, les prieurs et les doyens qui sont dits doubles conventuels, prendront chacun 12 psautiers et 12 missels; les prieurs et les doyens simplement conventuels, ayant douze moines et au-dessus, prendront 6 psautiers et 6 missels; les prieurs et doyens inférieurs, non conventuels, ayant cinq ou six moines, prendront 3 psautiers et 3 missels; les autres prieurs et doyens n'ayant que deux moines prendront 2 psautiers et 2 missels. Et pour éviter toute discussion sur le prix, il est fixé à un écu d'or au coin du roi pour les psautiers, et à deux livres tournois pour les missels, lesquels prix devront être payés dans les trente jours pour tout délai, à peine d'excommu- -nication, au receveur *ad hoc*, ou au porteur des présentes lettres. Les récalcitrants sont excommuniés *ipso facto*, et leur sentence devra être prononcée publiquement dans les églises et cha-pelles [1]. »

1. Nous donnons ici en note le texte même de ce curieux

On voit que les pères diffiniteurs n'y allaient pas de main-morte pour aider à l'écoulement des livres imprimés dans l'abbaye, et qui avaient été,

document qui porte au dos l'inscription suivante : *Monitio pro libris.*

(au dos :) Monitio pro libris.

Diffinitores capituli generalis sacri ordinis Cluniacensis anni Domini millesimi quatuorcentesimi nonagesimi tercii[1], auctoritate apostolica deputati, universis et singulis regularibus necnon curatis, capellanis, presbiteris, clericis, notariis et aliis personis publicis ubilibet constitutis, ad quem seu quos nostre presentes littere pervenerint et super hoc fuerint requisiti, salutem in Domino. Cum reverendissimus in christo pater et dominus dominus Jacobus de Amboysia, abbatis, necnon dominus prior major et totus conventus Cluniacensis unanimi consensu, pro communi utilitate totius ordinis Cluniacensis et omnium monasteriorum, prioratuum, decanatuum et membrorum dicti ordinis, fecerunt et ordinaverunt seu ordinari et imprimi fecerunt Psalteria ordinaria cum antiphonis, hymnis et collectis, necnon Missalia in magno et copioso numero et cum maxima expensa ; attendentes igitur tam laudabile, tamque salutare, utile et necessarium opus, considerantes etiam expensam in hac parte, ut dictum est, factam, a qua dignum duximus prefatos reverendum patrem dominum abbatem, majorem priorem et conventum Cluniacensem in hac parte relevari ; volentesque providere indempnitati dicti monasterii Cluniacensis, ac etiam utilitati omnium membrorum et subditorum ejusdem : matura super hoc habita deliberatione in consistorio diffinitionum, ordinavimus ac diffinimus, ac tenore presentium ordinavimus et diffinivimus, quod omnes et singuli abbates monasteriorum habentes numerum triginta monachorum et ultra, necnon quatuor

---

1. Ce chapitre s'était tenu, suivant l'usage, le dimanche dans lequel on chante *Lætare*, etc., c'est-à-dire le 28 avril 1493.

disent-ils, tirés à un grand nombre d'exemplaires.
Cela doit être, en effet, si on en juge par le
nombre qu'ils imposent à chaque maison de l'ordre.

priores quatuor prioratuum qui dicuntur quatuor filie predicti monasterii Cluniacensis, teneantur et ad hoc cogantur
recipere, pro se et suis monasteriis, singuli, viginti quatuor
Psalteria et viginti quatuor Missalia, pro se et suis religiosis ;
abbates vero, priores et decani qui dicuntur duplices conventuales teneantur recipere duodecim Psalteria et duodecim Missalia; priores autem et decani conventuales duodecim monachorum et supra, teneantur reciperes ex Psalteria
et sex Missalia ; alii vero priores et decani inferiores non
conventuales quinque vel sex monachorum [teneantur]
recipere tria psalteria et tria Missalia ; ceteri vero priores
et decani inferiores duorum monachorum teneantur recipere duo Psalteria et duo Missalia. Et ut omnis contencio
et contrarietas seu controversia super precio hujusmodi
Psalteriorum et Missalium tollatur, ordinavimus et tenore
præsentium ordinamus precium dictorum Psalteriorum ad
unum scutum auri de cugno domini regis Francie, precium
vero dictorum Missalium ad duas libras turon. monete
Francie. Et quia parum esset legem candere nisi interveniret
qui illam faceret observare, idcirco vobis et vestrum cuilibet
insolidum in virtute sancte obedientie et sub penis suspen-
sionis et excommunicationis precipimus [mandando et pre-
cipiendo] mandamus vobis auctoritate apostolica, qua fun-
gimur in hac parte, moneatis canonice et precise trina et
canonica monitione premissa omnes et singulos predictos
dominos abbates, priores et decanos ordinis nostri Cluniacensis quos etiam et eorum quemlibet tenore presentium
monemus, ut ipsi, prout quemlibet ipsorum concernet,
juxta declarationem superius scriptam, infra triginta dies
post monitionem vestram hujusmodi, seu executionem presentium immediate sequentes, quorum dierum decem pro
primo, decem pro secundo et reliquos decem dies pro tercio

Nous allons essayer de fixer un chiffre approximatif à l'aide d'un état statistique des monastères cluniciens, qui se trouve dans la *Bibliotheca Cluniacensis*, col. 1706 et suivantes. Ce document, qui nous donne près d'un millier de noms, est

et parte emptorio termino assignatis eisdem; et assignamus dicta Psalteria et Missalia habeant et recipiant, ac penes se reponunt; preciumque supra declaratum pro quolibet receptori super hoc deputato seu presentium nostrarum litterarum latori, realiter et cum effectu persolvant, deliberent et expediant; alioquin, lapsis dictis triginta diebus dictaque canonica monitione; ipsos dominos abbates et priores non parentes et solvere recusantes seu differentes, quos et eorum quilibet nos ex nunc prout ex tunc, et ex tunc prout ex nunc, auctoritate apostolica predicta interdicimus et in hiis scriptis excommunicamus, interdictos et excommunicatos palam et publice in ecclesiis et capellis vestris singulis diebus denuncietis et publicatis; et a denunciatione hujusmodi non cessetis quamdiu super hoc fueritis requisiti, donec suarum absolutionis beneficia meruerunt obtinere. In quorum premissorum omnium et singulorum testimonium sigilla dominorum majoris Cluniacensis, de Castro Conino, de Conraco, et de Ystoing prioratuum priorum, nostrorum condiffinitorum, in absentia aliorum nostrorum sigillorum, duximus apponenda. Datum in dicto monasterio Cluniacensi, die quinta mensis maii, anno Domini millesimo quatercentesimo nonagesimo tercio[1]. — Per r. p. (reverendos patres) diffinitores prefatos. — Rosset (avec parafe). (Trace des quatre sceaux : du grand-prieur et des prieurs de Château-Chinon, de Consa et de Ystoin).

1. Cet acte fut publié, comme on voit, peu de jours après le chapitre général, mais avant la publication du Missel, dont la souscription est datée seulement du 9 juin. Et outre le brochage et la reliure, il y avait encore beaucoup de travaux à faire avant de pouvoir le livrer.

incomplet, sans doute, mais il suffit pour le genre de calcul que nous entreprenons.

Les diffiniteurs disent que toutes les abbayes ayant trente moines et plus prendront 24 psautiers et 24 missels. Nous serions tenté de comprendre dans ce nombre les huit abbayes dont les chefs prenaient rang dans les chapitres après l'abbé de Cluny, comme on le voit dans le *Biblio-theca*, col. 1587 ; mais pour rester dans les termes précis des diffiniteurs, nous n'en citerons que cinq qui sont inscrites, col 1751, avec le nombre minimum de 30 moines. Ces abbayes sont celles de Moutierneuf, de Poitiers, de Mauriac, de Moissac, de Figeac et de Baume, diocèse de Besançon, ci (psautiers et missels).   240

Les quatre grands pricurés dits *filles de Cluny* (La Charité, Saint-Martin-des-Champs, Souvigny et Sauxillanges), sont dans le même cas, ci (ensemble).   192

Après cela, les diffiniteurs indiquent les maisons qui devront prendre 12 psautiers et 12 missels. Ce sont :

1°. Toutes les abbayes n'ayant pas trente moines. Elles sont au nombre de neuf, y compris deux de femmes situés en Espagne, ci (ensemble).   216

2°. Les prieurés et doyennés dits doubles conventuels. (Nous ignorons quels sont ceux qui portaient le titre de doubles conventuels, mais on peut l'induire de l'indication qui suit, et où l'on voit que les monastères simplement conventuels avaient une douzaine de moines. Nous pensons que les doubles conventuels avaient 20 moines et au-dessus. Or, nous voyons dans le tableau des prieurés et doyennés conventuels inséré, col. 1751, dans la *Bibliotheca Cluniacensis*, qu'il y avait 35 monastères dans ce cas, soit (ensemble).   350

Après cela viennent les prieurés et doyennés simplement conventuels qui devront prendre 6 psautiers et 6 missels. Le tableau invoqué à l'article précédent nous apprend que, toutes défalcations faites, il restait 22 maisons dans ce cas, soit (ensemble).   264

Les diffiniteurs imposent ensuite à 3 psautiers et à 3 missels les monastères n'ayant que 5 ou 6 moines, et à 2 psautiers et à 2 missels les maisons ayant un chiffre de moines inférieur. Ici nous sommes obligé d'adopter des chiffres approximatifs, car il serait impossible d'entrer dans les détails, les maisons de l'ordre de Cluny étant répandues dans toute l'Europe et même au-delà. Défalcation faite des monastères classés dans les catégories précédentes, le catalogue général des maisons de l'ordre de Cluny, imprimé dans la *Biblio-theca Cluniacensis*, col. 1706 et suivantes, nous fournit encore environ 800 prieurés ou doyennés de rang inférieur. Nous les divisons par moitié, c'est-à-dire que nous en compterons 400 imposés à 3 psautiers et à 3 missels, soit (ensemble).   2400

Et 400 imposés à 2 psautiers et 2 missels, ci (ensemble).   1600

                                Total.   5292

Mais ce n'est pas tout. Les diffiniteurs n'ont pas compris dans leurs nomenclatures l'abbaye même de Cluny, qui, comme aujourd'hui Paris parmi les villes de France, formait une catégorie particulière. Or, l'abbaye de Cluny, qui, d'après le tableau placé page 1751 de la *Bibliotheca Cluniacensis*, ne comptait pas moins de 200 moines sous sa dépendance immédiate, ne dut pas absorber moins de 200 psautiers et 200 missels, si on en juge par la quantité proportionnelle de ces livres imposée aux autres maisons de l'ordre, et particulièrement aux pauvres prieurés composés de 2 moines, forcés de prendre 2 psautiers et 2 missels. C'est donc 400 volumes encore qu'il faut ajouter à notre liste, sans compter ce qui dut rester en dépôt pour les besoins éventuels et ce qui fut acheté par quelques moines bibliophiles, comme Michel Goupil *(monachus hujus loci ?)*, à qui a appartenu le missel conservé à la bibliothèque impériale, et qui recommande ainsi son cher volume à ses héritiers :

> Je vous prie et requiers tres humblement
> Que vous manyez ce livre doulcement,
> A cette fin que longtemps il puisse durer :
> Et en paradis puissions-nous tous demourer.

La première partie de ses vœux a été exaucée car le livre est encore en parfait état.

En somme, je crois rester au-dessous de la réalité en portant à 6,000 le nombre des volumes imprimés à Cluny en 1493, soit 3,000 psautiers et 3,000 missels. On peut se faire une idée de la circulation monétaire que dut amener cette entreprise typographique des moines de Cluny. En effet, il s'agissait de la rentrée de près de 12,000 livres tournois (car la vente avait lieu sans remise de libraire !), somme énorme à cette époque où l'Amérique n'avait pas encore versé sur l'Europe ses lingots de métaux précieux. Et le transport de ces in-folios, combien ne dut-il pas coûter à cette époque où les routes étaient si mal entretenues ?

Du reste, cette entreprise réussit parfaitement, et la preuve, c'est que, peu après, l'industrie particulière se chargea de réimprimer ces livres, ou du moins le Missel, et les éditions s'en succédèrent même assez rapidement et dans différents formats. La plus belle que j'aie vue est celle de 1550 ; c'est un magnifique in-folio, imprimé à Paris, et orné d'une grande planche gravée par Geoffroy Tory longtemps avant, comme on peut le voir dans le livre que j'ai publié sur cet artiste.

RECHERCHES

SUR UNE STATUE COLOSSALE

D'HERCULE

DITE L'HERCULE MASTAÏ

Par M. L. Passy, Membre titulaire.

Lu en séance les 3 et 17 juin, 11 novembre
et 9 décembre 1868.

Au mois de septembre 1864, on travaillait à agrandir le palais Pio que le chevalier Righetti possède sur la place Biscione à Rome. Tandis qu'on creusait la terre pour poser les fondements d'une construction nouvelle, apparut tout à coup un mur antique orné de pilastres. Devant ce mur s'étendait un pavage et s'élevaient deux piédestaux de forme carrée. Dans le mur étaient encastrés des morceaux de fer. Au pied gisaient des ossements humains et des débris de marbres rares. Ces marbres ornaient vraisemblablement les pilastres et le mur. A un ou deux pas, une fosse profonde s'étendait sous de larges dalles de peperin, qui formaient une espèce de voûte.

On fouille et l'on découvre une statue colossale de bronze doré enfouie dans une enveloppe de mortier. Le pied gauche manque, le crâne est brisé, les parties viriles arrachées. Renversée de son piédestal, cette statue est tombée sur le dos, et après avoir subi les derniers outrages, elle a été recueillie, cachée et secrètement ensevelie[1].

Haute d'environ quatre mètres, cette statue représente un Hercule jeune. La peau du lion de Némée reposait sur le bras gauche. La main gauche s'ouvrait pour montrer les pommes du jardin des Hespérides. La main droite pendante tenait la massue. La massue dont on a retrouvé quelques débris et les pommes ont été rétablies d'après les modèles antiques. La tête est légèrement inclinée, la bouche entr'ouverte. Les cheveux sont courts et ceints d'une bandelette. Aux joues fleurit un duvet naissant. C'est Hercule. Depuis longtemps on est d'accord sur les signes qui constituent le type du héros. La tête relativement petite, le cou gros et court, les cheveux épais et crépus, tous ces signes de la force et de la force herculéenne

---

1. Correspondance de Rome. 24 sept., 15 oct., 5 nov. 1864 et 21 janvier 1865. — Bullet. de l'Institut arch. 1864 et 1865. — Giornale di Roma du 27 sept. 1864. — Annales de l'Institut de correspondance archéologique, t. XL, p. 195. Discours prononcé au Capitole le 26 avril 1867 par J. de Witte. La statue colossale de bronze représentant Hercule, trouvée au théâtre de Pompée. Rome, 1868.

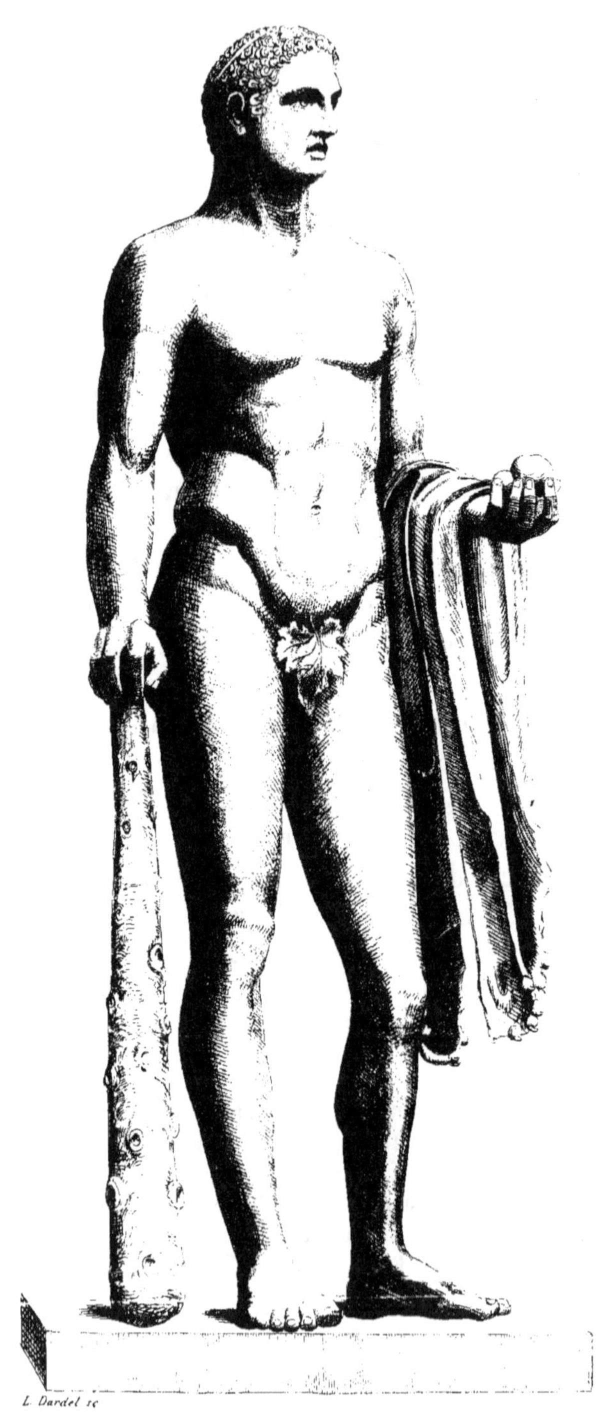

STATUE D'HERCULE

dite l'Hercule Mastaï

désignent Hercule aussi clairement que la massue
et les pommes du jardin des Hespérides.

I.

Le type d'Hercule a pourtant suivant les âges
et les pays, suivant l'inspiration artistique ou la
tradition religieuse, subi des altérations. Quelques
savants ont cru saisir dans notre Hercule le type
que lui attribuent les monnaies frappées dans la
Macédoine au quatrième siècle avant l'ère chrétienne[1], et groupant un certain nombre d'observations techniques qui ont leur importance, ils ar-
rivent à supposer que l'auteur de la statue d'Hercule a pris pour modèle un ouvrage grec de
l'école de Lysippe. Pour fortifier cette opinion, je
rappellerai que Lucien cite parmi les chefs-
d'œuvre de Lysippe, une statue d'Hercule en
bronze[2]. J'ajoute que les artistes romains avaient
précisément sous les yeux un ouvrage de Lysippe,
un Hercule colossal en bronze que Fabius Maxi-
mus avait enlevé de Tarente et placé dans le
Capitole[3].

Le type grec reconnu et peut-être le modèle

1. De Witte. Discours prononcé au Capitole. Rome, 1868,
p. 198 et 205.
2. Lucien, Jupiter Tragique. XLIV, 12. Ed. Didot.
3. Strabon. Liv. VI, ch. III. 81.

retrouvé, il faut encore essayer de déterminer
l'époque où notre statue a pris naissance : or,
nous savons que le respect des traditions grecques
s'est perpétué dans des monuments qui figurent
les exploits d'Hercule et qui appartiennent sans
contredit au siècle des Antonins. Je citerai par
exemple les sarcophages que possède le musée du
Vatican et que dans le *Museo Pio Clementino*,
l'illustre Quirinius Visconti attribue au deuxième
siècle de notre ère. Hercule jeune y paraît à
diverses reprises sous les mêmes traits et avec
les mêmes caractères que dans notre statue de
bronze, et nous pouvons conclure de cette comparaison, que la statue colossale d'Hercule représente un Hercule et qu'elle reproduit le type consacré à Hercule jeune sous les Antonins.

On a pensé toutefois que notre statue colossale
appartenait à une époque plus ancienne, parce
qu'elle est de meilleur style qu'un autre Hercule
de bronze doré conservé au musée du Capitole.
En effet, si l'Hercule du Capitole est contemporain de l'inscription gravée sur la base de bronze
qui le supporte, cette dernière statue date de
l'année de la mort de Titus. On a victorieusement
réfuté cet argument en rappelant l'opinion d'épi-
graphistes éminents, qui n'appliquent pas à l'Hercule du Capitole l'inscription de son piédestal, et

1. Museo Pio Clementino, t. III, pl, XXXVIII et XXXIX,
p. 74. — Clarac, t. II, n° 419, pl. 196.
   2. Strabon. Livr. VI, ch. III, § 1.

laissent à la critique le droit de donner à cette statue une date très-postérieure; mais l'Hercule du Capitole serait-il vraiment du temps des Flaviens qu'il n'en serait pas nécessairement meilleur qu'une statue du siècle des Antonins. Le mouvement artistique que provoquèrent Trajan et surtout Hadrien, Hadrien le restaurateur d'Athènes et l'admirateur passionné de la civilisation grecque, dut pousser l'art romain appliqué au culte dans l'imitation plus fidèle des beaux types qu'avaient immortalisés les Phidias et les Lysippe.

La dorure de l'Hercule Mastaï est d'une éclatante beauté. Ni les chevaux de Venise, ni l'Hercule du Capitole, ni la statue de Lillebonne, ne peuvent soutenir la comparaison. Sous l'Empire, la question de la dorure ne mérite pas la discussion. Déjà, sous la République, on dorait le bronze. Vitruve, qui semble avoir vécu sous Auguste, parle des statues de bronze doré, qui, suivant la mode toscane, ornaient à Rome les frontons des temples de Cérès et d'Hercule[1]. Caligula avait donné l'ordre de placer dans le temple de Jérusalem sa statue en bronze doré[2]. Néron fit dorer une statue en bronze de Lysippe[3].

Quant à l'époque et au style de l'ouvrage, il n'est point aisé de s'entendre. Les uns signalent cer-

1. Vitruv. De architect. III. 2.
2. Philo. Ad Caïum. § XVII.
3. Pline. Hist. nat. XXX, 8, 9.

taines analogies entre la statue célèbre de Pompée
conservée au palais Spada et notre statue d'Hercule, et tirent de ces analogies mêmes des motifs
pour faire remonter notre Hercule aux derniers
temps de la République[1]. Les autres, et à mon
avis avec beaucoup plus de raison, soutiennent
qu'on ne peut guère comparer à ce point de vue
des ouvrages en bronze et des ouvrages en marbre et remarquent qu'en prenant un type grec
pour modèle et en traitant la statue suivant la
tradition, l'artiste n'en a pas moins commis des
fautes de proportion et de goût qui révèlent l'af-
faissement de la décadence[2]. Toutes ces réflexions
nous fortifient dans notre première impression
et nous conduisent à considérer notre Hercule
comme le dieu Hercule lui-même, et cette
statue comme une œuvre de la fin du siècle des
Antonins.

Ceci dit, les difficultés commencent.

II.

Si l'Hercule de bronze doré est véritablement
le dieu Hercule lui-même, comment et pourquoi
sa statue a-t-elle été renversée, déshonorée et
ensevelie? L'endroit où cette statue a été décou-

1. De Witte, p. 207, note B.
2. De Witte, p. 199. — Visconti. Iconographie romaine,
pl. V, n° 1 et 2.

verte ne pourrait-il pas fournir un argument ou une solution? Première question.

Le théâtre de Pompée a été longtemps et est encore un des points les plus obscurs de la topographie romaine. Cependant, on paraît d'accord pour placer ce théâtre sur l'emplacement qu'occupent aujourd'hui le Palazzo Pio, la place Biscione, l'église de Saint-André-du-Val et la voie des Chiavari. Pompée dédia ce théâtre en 698. Jusqu'alors les censeurs, craignant probablement que le goût des spectacles n'envahît et ne corrompît les mœurs romaines, avaient défendu de construire des théâtres en pierre. Pour éluder cet ordre, Pompée plaça au sommet des gradins, vis-à-vis de la scène, un petit temple qu'il dédia à Vénus Victrix, de telle sorte que les gradins de pierre pouvaient passer, avec un peu de complaisance, pour les degrés du nouveau temple. D'autre part, Pompée construisit en bois le théâtre lui-même et, lorsqu'il l'inaugura, il prétendit hardiment dédier un temple à Vénus [1]. Le théâtre en bois, c'est-à-dire la scène, fut détruit peu de temps après dans un violent incendie. Auguste et Tibère travaillèrent à restaurer le théâtre de Pompée que Caligula acheva et dédia [2]. Suétone raconte que l'empereur commença par monter au temple de Vénus Victrix et, après avoir fait

1. Tertullien. De spectaculis, X.
2. Tacite. Ann. III, 73, et VI, 145. — Suet. Tibere 47.

les supplications, il descendit en traversant l'en-
ceinte, devant toute l'assemblée silencieuse et
assise, prit place sur un tribunal élevé dans l'or-
chestre et donna le signal des jeux de la dédicace[1].
Or, les savants qui ont étudié la topographie de
Rome et qui ont constaté les premiers la découverte de la statue d'Hercule, déclarent que la
statue gisait dans l'emplacement même du temple
de Vénus Victrix. Si cette opinion est fondée, rien
n'est plus aisé que d'expliquer dans ce temple la
présence d'une statue d'Hercule. De même que
Vénus était la déesse protectrice du théâtre, Nep-
tune le dieu protecteur du cirque, Hercule était le
dieu protecteur de l'amphithéâtre, et quand le
culte d'Hercule devint pour ainsi dire un culte impérial, il est tout naturel qu'un empereur ait fait,
dans le théâtre, élever une statue au héros qu'il
avait pris pour son modèle et son patron. Cependant il faut tenir grand compte des restaurations
et des embellissements accomplis dans le théâtre
de Pompée, et il ne faut pas croire qu'une statue
découverte dans les ruines du théâtre de Pompée
soit, par cela même, contemporaine de Pompée
lui-même; car la statue (on l'a déjà remarqué
avec autorité), a été trouvée presque au niveau du
sol antique, sous une carapace de pierres et de
mortier. Si elle avait été renversée et enfouie dès
le temps de Pompée, comment les ouvriers qui

1. Suet. Caligula. XXI.

ont restauré son théâtre sous les empereurs, n'ont-ils pas remué le sol en réparant le pied des colonnes, renversé les piédestaux et découvert notre statue d'Hercule?

J'avoue cependant que cette opinion, au premier abord, est assez séduisante [1]. Quoi de plus naturel que d'attribuer à Pompée l'érection, dans son théâtre, d'une statue dorée d'Hercule? Cette statue ne porte-t-elle pas le cachet de l'art grec? Ne savons-nous pas qu'une statue en bronze d'Hercule était un des chefs-d'œuvre de Lysippe? Non loin du grand cirque, Pompée n'avait-il pas fait bâtir un temple à son héros, et la statue qui ornait ce temple n'était-elle pas un ouvrage du célèbre Myron? Quel mot d'ordre Pompée avait-il donné à la bataille de Pharsale, si ce n'est : « Hercules invictus »? Le triomphateur des pirates ne rendait-il pas au vainqueur des monstres et des géants un culte particulier [2]? Voilà d'excellentes raisons pour prouver que la statue d'Hercule pouvait faire, dès le temps de Pompée, très-bonne figure dans quelque partie du théâtre de Pompée; mais ces raisons laissent dans la plus profonde obscurité le mystère de la mutilation et de la sépulture.

Il me paraît impossible d'admettre que cette

1. Visconti. Correspondance de Rome du 21 janvier 1865. — De Witte. Comptes-rendus de l'Académie des Inscriptions et Belles-Lettres, 1867, p. 293 et suiv.

2. De Witte. Discours lu au Capitole. Paris, 1867, p. 12.

mutilation et cette sépulture se rattachent à la
victoire de César. A la nouvelle de la bataille de
Pharsale, les Romains enlevèrent les statues de
Sylla et de Pompée qui ornaient les Rostres; mais
Dion Cassius ajoute : « on ne fit rien de plus. »[1]
Suétone est encore plus explicite : « C'est surtout,
» dit-il, pendant la guerre civile et après ses
» victoires que César fit admirer sa modération
» et sa clémence.... Il releva même les statues de
» Sylla et de Pompée que le peuple avait abattues. »[2]
Notez enfin qu'il s'agit des statues de Pompée et
non des statues d'Hercule, que les Romains étaient
encore trop religieux et trop amoureux des arts
pour profaner la statue d'un dieu qui passait pour
le dieu protecteur d'un héros vaincu, que César
lui-même disputait à son rival le culte de son
héros, et que, jeune encore, il avait composé en
vers *les louanges d'Hercule*[3], qu'autre chose enfin
est d'abattre une statue ou de la déshonorer, et
que rien dans l'histoire de cette époque n'autorise
à croire aux violences dont l'Hercule Mastaï a été
la victime.

Si le peuple renversa vraiment une statue
d'Hercule et poussa la fureur jusqu'à en tenailler
et à en arracher les parties viriles, il faut que
cette fureur ait eu le caractère de représailles.
Ainsi, quand on assassina Caligula, plusieurs

1. Dion Cassius. XLII, 18.
2. Suétone. César, LXXV.
3. Suétone. César, LVI.

conjurés lui enfoncèrent le fer dans les parties honteuses : « *Quidam*, dit Suétone, *per obscœna* « *ferrum adegerunt*[1]. » L'outrage infligé au cadavre de Caligula fut infligé à la statue d'Hercule. La mutilation des parties viriles est un trait des mœurs romaines, et Domitien nous en fournit un nouvel exemple, lorsqu'il ordonna de brûler les parties viriles des complices d'Antoine[2]. Une explosion de la colère populaire expliquerait tout. La foule se précipite sur la statue d'Hercule. Frappe-t-elle le dieu révéré dans les temples voisins? Non. Elle frappe l'empereur qui a usurpé ses hommages en usurpant les traits et les attributs d'un dieu; et en effet, des empereurs osèrent se déclarer dieux; d'autres empruntèrent leurs attributs et leur culte; d'autres se contentèrent du rôle de divinité terrestre[3]! Jetons un coup-d'œil sur l'histoire de la mythologie impériale et nous reconnaîtrons aisément quels empereurs ont usurpé les attributs d'Hercule, et quel empereur la statue de notre Hercule peut cacher, sans le représenter.

III.

L'usage de regarder les rois comme des dieux

1. Suet. Caligula. LVIII.

2. Suet. Domit. X. « Immisso per obscœna igne. »

3. De Witte. Revue de numismatique. 1844, t. IX, p. 351 et suiv., et 1845, t. X, p. 266 et suiv.

humains était répandu dans tout l'Orient, lorsque la Grèce, dans la personne d'Alexandre et de ses lieutenants, s'y installa. Quoique l'oracle d'Ammon eût reconnu dans le fils de Philippe le fils de Jupiter, les Grecs ne purent jamais prendre au sérieux l'apothéose d'Alexandre vivant. Le dieu mourut, laissant à ses lieutenants ses royaumes et son exemple. Ils prirent tout à la fois. Les Ptolémées et les Séleucides s'attribuèrent les priviléges dont jouissaient sans doute les Pharaons, et les empereurs romains à leur tour ramassèrent dans le butin de l'Orient vaincu cette forme suprême de l'adulation. A Athènes rien de semblable n'avait eu lieu ; rien à Rome avant César. Je ne parle pas de Romulus qui, sous le nom de Quirinus, avait été mis par les Romains, comme Hercule et Bacchus par les Grecs, au rang des dieux[1], mais je parle des grands citoyens de la République, qui s'étaient contentés d'être des hommes et dont les statues triomphales ornaient les portiques du Forum d'Auguste[2]. César reçut le premier, par décret du sénat, tous les honneurs divins et humains[3]. Le poignard de Brutus lui ravit la royauté, mais lui donna l'apothéose.

Instruit par cette sanglante leçon, Auguste accepta le titre de « princeps » et refusa celui de « dominus. » Il ne permit pas qu'on lui élevât un

---

1. Julien. Les Césars. II.
2. Suet. Aug. § XXXI.
3. Suet. César. § LXXXIV.

temple, même en Asie, à moins que le temple ne fût dédié en même temps à la déesse Rome. Sous cette prudence avisée, Auguste cachait l'ambition d'être mis au rang des dieux. Il mourut, assuré que la grande comédie de son principat se terminerait par une apothéose. La peur interdit à Tibère une semblable espérance. De son temps, on disait toutefois dans le Sénat : « *principes quidem instar Deorum esse* [1]; » Mais Tibère réprimandait aigrement ceux qui, par flatterie, appelaient ses fonctions « divines » et lui donnaient le titre de maître [2]. Un jour même que l'Espagne sollicitait l'honneur d'élever un temple à l'empereur et à sa mère, Tibère s'expliqua nettement. Il affecta son aversion pour un pareil culte. « Il y » aurait trop d'orgueil, dit-il, à se faire consa- » crer dans les provinces sous l'image d'une » divinité, et les honneurs décernés à Auguste » s'aviliraient s'ils étaient prostitués à toutes les » adulations [3]. »

Je laisse à penser quel coup la folie de Caligula porta au cœur des Romains qui étaient encore Romains. Le peuple, le sénat, Rome enfin, résistaient aux traditions que les Ptolémées et les Séleucides avaient laissées vivantes dans tout l'Orient. On ne dédaignait pas encore de prendre certains ménagements pour mettre en règle les

1. Tacite. Ann. liv. III, § XXXVI.
2. Tacite. Ann. liv. II, § LXXXVII.
3. Tacite. Ann. liv. IV, § XV.

intérêts du ciel et de la terre, et expédier, avec
des certificats réguliers, les empereurs dans le
séjour des dieux immortels. Caligula se chargea
de dissiper les illusions des formalistes. Il se déclara dieu ; il institua les rites, il organisa le culte,
il choisit les prêtres du nouveau Jupiter latin, et
pour vivre en meilleure intelligence avec son col-
lègue Jupiter Capitolin, il fit construire, par dessus le temple d'Auguste, un pont qui reliait le
mont Palatin et le Capitole. Il est vrai que, se
souvenant peut-être des fables qui prêtaient à
Alexandre le Grand le ridicule de s'être déguisé en
Hercule, en Jupiter Ammon, en Mercure et même
en Diane, il avait paru en public sous les costumes
d'Hercule, de Bacchus, de Mercure, d'Apollon, de
Vénus même[1]. Sa spécialité était pourtant le Jupiter avec la barbe dorée, et le foudre du maître
des dieux lui paraissait plus digne de lui que la
massue d'un simple héros. Jupiter-Caligula n'en
fut pas moins assassiné, et, qui pis est, lui mort,
le sénat délibéra s'il n'abolirait pas la mémoire des
Césars et ne détruirait pas leurs temples. Vaine
et tardive colère! Les Césars se succèdent et

1. Athénée. liv. XII, ch. IX. Cf. le témoignage de Flavius
Josephe et la relation si curieuse de l'ambassade de Philon
(Philo ad Caium, § 43), notamment le § 17, où l'on voit Caligula commander sa statue colossale en bronze doré pour le
temple de Jérusalem. Au § 12, Philon nous apprend que la
statue du dieu Caïus devait être consacrée sous le nom du
nouveau Jupiter : ΖΕΥΣ επιφανὴς ΝΕΟΣ.

reprennent le chemin des honneurs célestes. Agrippine envoie Claude rejoindre les Dieux humains dans cette région vaporeuse qui entoure la lune et dans laquelle le pauvre fou devait retrouver et attendre divine et impériale compagnie[1].

Il semble que Néron, dans le feu de la jeunesse, ait hésité entre le rôle d'Hercule et le rôle d'Apollon. Voyez la statue d'un Hercule enfant : ce n'est pas toujours Hercule, c'est parfois aussi Néron Hercule. C'est Néron qui entretiendra des lutteurs dans son palais, et qui enrichira les athlètes[2]! C'est lui qui voudra étouffer un lion dans ses bras ou l'abattre avec la massue d'Hercule[3]! C'est lui que la ville de Patras couronnera d'une couronne de rayons, et appellera Hercule Auguste[4], et quand il reviendra de Grèce, il entrera sur le char triomphal d'Auguste aux acclamations du peuple et du Sénat. « Vive le vain- » queur des jeux olympiques! Vive le vainqueur » des jeux pythiques! Auguste! Auguste! Néron » Hercule! Néron Apollon! »[5] Et en effet l'athlète cachait un artiste. L'artiste jette la peau de lion et prend la cithare. Hercule devient Apollon! Ce n'est pas assez. « Je trouve, dit Tacite dans les

1. Julien. Les Césars. § 2.
2. Suet. Neron. § XLV. et Galba. XV.
3. Suet. Neron. § LIII.
4. Eckhel. Doctrina numorum, II. p. 237. — Mionnet. *Description de médailles,* II. p. 193. n° 334.
5. Dion Cassius. LXIII. 20.

» Mémoires du Sénat, que Cerialis Anicius,
» consul désigné, proposa de faire ériger un
» temple au divin Néron, *divo Neroni*, » et Tacite
ajoute qu'on vit dans cette proposition un présage fatal, car on n'accorde aux princes les honneurs des dieux que lorsqu'ils ont cessé de vivre
parmi les hommes : « *nam Deorum honor principi*
» *non ante habetur quam agere inter homines*
» *desierit* [1]. » La religion payenne trouvait aussi
absurde de mettre des vivants au rang des dieux
que la religion chrétienne de les mettre au rang
des saints. C'est pourtant contre cette règle de
bon sens que s'acharnèrent la bassesse des hommes et la folie des princes.

Les premiers Flaviens, Vespasien et Titus
avaient trop d'esprit et de bon sens pour ne pas
attendre avec confiance le jour de l'apothéose.
« Hélas, s'écria plaisamment Vespasien au début
» de sa dernière maladie, je crois que je deviens
» dieu [2]! *Væ! puto, Deus fio!* » Il le devint en
effet, et Titus aussi, mais après la mort et très-
légalement. Domitien éleva à son père, à son
frère, et probablement à lui-même, un temple
« templum Flaviæ gentis » au service duquel il
affecta un nouveau collége de prêtres [3]. Bâti sur
l'emplacement de la maison où Domitien était né,

1. Tacite. Ann. liv. XV, § LXXIV.
2. Suet. Vesp. § XXIII.
3. Martial, liv. IX, 2, 21, 35.

recouvert de marbre et d'or, ce temple servit de tombeau à Vespasien et à Titus[1], et comme disait Martial, ce temple est le ciel lui-même[2]:

« Invicta quidquid condidit manus, cœlum est. »

Fils et frère de dieux, Domitien pouvait bien se croire dieu lui-même. Eutrope dit que, le premier, il se fit appeler seigneur et dieu[3]. Il avait introduit dans la correspondance officielle de ses intendants cette formule : « *Dominus et Deus* » *noster hoc fieri jubet*[4]. » Aussi Martial, en vingt endroits différents, se conforme à ces ordres impies :

« Pro tanto quœ sunt improba vota Deo ?[5] »

Suétone nous apprend que, reprenant sa femme dont il s'était séparé, il se servit de l'expression consacrée pour désigner le lit des dieux : « *voca-* » *tam eam in pulvinar suum*[6]. » L'univers entier chantait les louanges du dieu César :

« Qui fingit sacros auro vel marmore vultus,
» Non facit ille Deos : qui rogat, ille facit[7]. »

Mais si la divinité de Domitien était célébrée par la peur et la flatterie,

1. Martial. Epigr. liv. IX, 35.
2. Martial, liv. IX, 2.
3. Eutr. liv. VII, 23.
4. Suet. Domit. § 13.
5. Martial, liv. IV. 1. — Cf. Dion Cassius, LXVII, 13.
6. Suet. Domit. § XIII.
7. Martial. Liv. VIII. 24.

« Numen habet Cæsar: sacra est vis, sacra potestas. »[1]

elle n'était pas, de son vivant, consacrée par les lois, puisqu'à sa mort les soldats voulurent contraindre le sénat à le mettre au rang des dieux.

Ce n'est point sans raison que j'insiste sur le caractère de la divinité de Domitien, sur le caractère du dieu César. Martial nous apprend, dans deux épigrammes célèbres, que le dieu César consentit à prendre les traits et les attributs d'Hercule, mais il ne faudrait pas croire que Domitien ait été régulièrement et solennellement identifié avec cette divinité. Dans la première épigramme, Martial dit : « César, ayant daigné descendre jus-
» qu'à prendre les traits du grand Hercule, fonda
» un temple nouveau sur la voie latine, à l'endroit
» où le voyageur, qui va visiter le bois sacré de
» Diane, compte huit milles entre ce bois et Rome.
» Avant, Alcide était honoré par les prières des
» mortels et par le sang des victimes; c'est lui-
» même qui honore maintenant un Alcide plus
» grand que lui. [2] »

Dans la seconde, Martial s'adresse à Hercule et lui déclare tranquillement que « s'il avait eu les
» traits et le port du dieu César, le monde n'eût
» pas été témoin de son obéissance au tyran de
» l'Argolide et de sa soumission à son cruel des-
» potisme [3]. »

1. Martial. De spect. I. 35.
2. Martial, liv. IX, 65.
3. Martial, liv. IX, 66.

On peut s'étonner que Domitien ait fondé ce temple à huit milles de · Rome , sur la voie Appienne, et qu'il ait pris à cette occasion les traits ou les attributs d'Hercule; car Martial semble dire qu'en cet endroit seulement, Domitien, le plus grand des Hercules, était l'objet d'un culte ; mais Stace a, pendant toute une silve, célébré les embellissements et les restaurations de la voie Appienne qu'il appelle la voie Domitienne[1], et Martial s'écrie dans une autre épigramme :

« Voie Appienne, dit-il, toi que consacre César
» sous les traits vénérés même d'Hercule, toi la
» plus illustre de toutes les voies de l'Ausonie, si
» tu veux connaître les exploits du premier Al-
» cide, écoute-moi... » et, après avoir énuméré les travaux d'Hercule : « voilà, dit-il, ce qu'a fait
» le moins grand des Hercules. Apprends mainte-
» nant les hauts faits du plus grand, de celui
» qu'on adore à six milles d'Albe, » et il énumère les principales actions de Domitien [2]. « C'est trop
» peu, reprend-il, de la divinité d'Hercule pour
» de si grandes choses, c'est au Jupiter du
» Capitole que le Dieu César doit emprunter ses
» traits : »

« Herculeum tantis numen non sufficit actis;
» Tarpeio Deus hic commodet ora patri[3]. »

1. Stace, liv. IV, III.
2. Martial, liv. IX, 102.
3. Martial, liv. IX, 102.

Si donc, le dieu César était adoré à six milles d'Albe avec les attributs d'Hercule, c'est qu'il en avait comme renouvelé les exploits, en restaurant la voie Appienne; mais à Rome même, Domitien n'était pas représenté sous les traits du héros qu'il avait dépassé. Il ne trouvait que Jupiter qui lui parût digne d'être égalé. Parlant d'un buste du dieu César, Martial s'écrie :

« Hœc mundi facies, hœc sunt Jovis ora sereni;
» Sic tonat ille Deus quum sine nube tonat [1]. »

Domitien honora donc Hercule comme il honora Junon, Apollon, Castor et Pollux ; mais beaucoup moins que Jupiter Capitolin et Minerve. Il voulait passer pour le fils de Minerve, et il séjournait volontiers sur le mont Albain où il avait élevé des autels à cette déesse. Il y avait institué des jeux et des cérémonies. Il y avait créé un collége de prêtres [2]. Minerve était à ce point sa déesse protectrice qu'il en portait la cuirasse et l'égide, et qu'il s'était fait représenter à cheval, tenant sa statue à la main.

« Pallada prætereo,

dit Martial,

res agit illa tuas [3]. »

Que le fils adoptif de Pallas, entouré du collége

1. Martial, liv. IX, 25.
2. Suétone. Domitien, IV, V, XV.
3. Martial, liv. IX, 4.

des prêtres Flaviens et des prêtres de Minerve
Albaine, présidât aux jeux et aux concours insti-
tués en l'honneur de Jupiter Capitolin ou de la
Pallas Césarienne [1], soit ; mais n'oublions pas que
Domitien était le dieu César, et qu'il ne se serait
pas abaissé jusqu'à faire l'Hercule d'amphithéâtre.
Une épigramme de Martial interprétée par l'exemple infâme de Commode pourrait faire croire que
dans Rome elle-même Domitien rivalisât avec le
bestiaire Carpophore [2], et que vainqueur il s'était
érigé à lui-même les statues d'un Hercule impérial.
Non. L'âge avait donné au fils de Vespasien une
obésité qui l'eût détourné des mâles exercices
du corps, quand bien même il n'eût pas été livré
depuis longtemps à des passions de volupté, à des
fantaisies d'artiste, à des prétentions d'homme de
lettres. Son embonpoint lui rendait pénible la
moindre fatigue. Il avait fini par ne plus marcher
et se faire porter en litière. Quel bel Hercule ! et
que de motifs pour éviter toute comparaison iro-
nique avec le Dieu de la force corporelle ! Ce n'est
donc pas à Rome que Domitien pouvait être et fut
représenté en Hercule (Stace et Martial nous l'eussent redit vingt fois), mais, par hasard, en dehors
de Rome [3], et pour consacrer une grande œuvre
d'utilité publique [4].

1. Martial, liv. V, 1, liv. VIII, 1. « Pallas Cæsariana. »
2. Martial. De spect. § 17, 23, 30.
3. Martial, liv. V, 65.
4. Carlo Fea. Miscellanea Filologica. Roma 1790. Aldroandi

Au point où nous avons conduit l'histoire de la
mythologie impériale, à la chute des Flaviens,
l'empereur vivant est une divinité « Numen. »
Encore quelques années il sera Dieu « Deus. » Le
contraste des mœurs orientales et des traditions
romaines n'est pas effacé. A Rome, Hadrien refait
le bon mot de Vespasien : « J'ai adopté un Dieu
et non un fils »[1] et quand il visitera l'Orient, il
érigera des autels et se construira des temples.
Plutarque critique cet usage de donner aux rois
des noms de divinité : « Beaucoup de rois ne s'ap-
» pellent-ils pas Apollon s'ils gazouillent de petits
» vers, Bacchus s'ils s'enivrent, Hercule s'ils s'exer-
» cent à la lutte ? »[2] Lucien intente un procès aux
Dieux et les condamne à s'accuser les uns les autres
pour le plus grand plaisir des vils mortels : et dans
le même moment, Trajan reçoit le titre de Ζευς φιλιος,[3]
Adrien de Ζευς νεος, Antonin le pieux de νεος Διονυσος[4],
Marc-Aurèle et Verus de νεοι Διοσκουροι[5]. En ajou-

---

cite en 1562 au palais Carpi un Domitien nu, colossal, tenant à la main gauche la peau de lion, p. 307; mais nous ne
savons où ce Domitien est passé, et il est fort probable que
c'était simplement un Hercule. Les traits d'Hercule ont parfois certains rapports avec les traits de Domitien.

1. Spartien. Ælius Verus. IV.

2. Plutarch. De adulat. et amico. T. I, p. 68. Ed. Didot.

3. Spanh. De prœst. et usu num. T. II. p. 500.

4. Franz. Elem. epigr. grœc. p. 260.

5. Letronne. Recueil des inscriptions grecques et latines
de l'Egypte. T. I. p. 82-91. 102. T. II. p. 83.

tant au nom de l'empereur le surnom d'une divinité précédé de l'épithète νεος, les peuples de l'Orient perpétuent les usages consacrés par les Ptolémées et les Séleucides. Ils emploient une formule de basse flatterie à laquelle il serait imprudent d'attacher un sens légal, et constatent que tel ou tel prince est entré par une dévotion particulière dans le culte, ou par un genre particulier de qualités, dans le type de telle ou telle divinité. En définitive, Nerva, Trajan, Hadrien, Antonin le Pieux, Verus, Marc-Aurèle, acceptent les témoignages légaux de l'adulation publique, mais ne les précipitent pas volontairement dans les élans d'une bassesse exagérée. On leur élève des temples et, dans les temples, des statues. On crée des prêtres pour servir le culte de ces divinités nouvelles, je devrais me servir de l'expression même de Spartien, de ces « quasi divinités;[1] » mais on attend leur mort pour les transformer en dieux.

Pendant cette période, Hercule et ses attributs commencent à paraître sur les monnaies de Trajan, d'Hadrien, d'Antonin le Pieux, mais c'est Hercule lui-même, le patron de l'empereur et le protecteur de l'Empire, ce n'est pas encore l'empereur sous les traits d'Hercule. Il paraît certain qu'aucun des Antonins, jusqu'à Commode, ne s'est fait repré-

---

1. Spartien. Hadrien. XXV. « (Antoninus) et constituit » multa alia quæ ad honorem quasi numinis pertinerent. »

senter et adorer avec les traits et les attributs d'Hercule. Tout à coup, et dans ce monde romain qu'avaient apaisé, charmé, honoré, Trajan, Antonin et Marc-Aurèle, Commode paraît. Il paraît et renouvelle, en y ajoutant une scène capitale, le coup de théâtre théologique de Caligula. Caligula s'est déclaré Dieu. Domitien s'est laissé déclarer Dieu. Commode se fait déclarer « Hercule et Dieu. » Il brise cette distinction subtile, mais légale, entre le culte de la divinité et le culte du dieu, et réduit par la terreur le sénat affolé à violer les dernières règles, à l'abri desquelles vivaient encore la conscience et la pudeur publiques.

Voici donc Commode Hercule et dieu. C'est un point très-délicat que de préciser la mesure dans laquelle Hercule-Commode se distinguait d'Hercule. En prenant les attributs d'une divinité, un empereur ne prétendait pas devenir cette divinité elle-même. En portant la massue, l'arc ou la peau de lion, un empereur ne prétendait pas avoir assommé Géryon, tué les oiseaux de Stymphale ou le lion de Némée. Il constatait seulement aux yeux des Romains l'apparition d'un autre Hercule, naturellement plus grand, plus admirable, plus puissant que le premier Hercule. Martial ne cesse d'appeler le fils de Jupiter « *minor Alcides,* » et le fils de Vespasien, Domitien, « *major Alcides.* » Parfois aussi, en prenant les attributs et le nom d'Hercule, l'empereur n'entendait pas se mettre au dessus, mais au dessous du dieu ; il n'affichait pas la prétention de le surpasser; il déclarait uniquement se placer sous sa protection et entrer dans les pratiques de son culte. C'est ainsi que l'empereur Maximien prit le surnom d'Herculius et se supposa fils adoptif d'Hercule : « *post adoptionem cœlitum*, » comme dit Mamertin. Les chrétiens prennent le nom d'un saint qui, par le baptême, devient leur patron. De même les payens finirent par s'appliquer des noms de divinités.

Tout autre fut la situation de Commode. Commode avait été officiellement déclaré Hercule et dieu. De ce jour, il n'était plus le fils de Marc-Aurèle, placé sous la protection d'Hercule. Il était Hercule lui-même sous la pourpre impériale. C'était Hercule, Hercule qui venait donner au monde les preuves irrécusables d'une force et d'une adresse surnaturelles : « *Hercules Commodianus* » comme disent les inscriptions. « Il ne vou- » lait plus qu'on l'appelât Commode, fils de Marc- » Aurèle, dit Hérodien, mais Hercule, fils de Ju- » piter[1], » et le premier, il osa, sur des monnaies latines, se faire représenter avec les attributs d'Hercule et se faire donner, sur ces monnaies, le titre d'Hercule romain : « *Hercules Romanus*[2]. »

1. Hérodien, liv. I, § XLVI.

2. Revue de numismatique. De Witte. Médailles inédites de Posthume, 1844. t. IX. « On possède un grand nombre de pièces de Commode sur lesquelles on lit les titres: *Herculi Romano Aug., Herculi Commodo Aug.* ou *Herc. Commodiano.* Je citerai en particulier les deniers d'or et d'argent ainsi

Si le sénat avait légalement reconnu la présence et presque l'incarnation d'Hercule dans la personne même de Commode[1], comment le peuple n'aurait-il pas confondu les statues d'Hercule et les statues de l'Hercule Commodien, et qui sait si Commode n'avait pas travaillé à cette confusion même en rapprochant le plus possible les statues de l'Hercule Commodien du type consacré à Hercule? Nous savons qu'il rasait ses cheveux pour porter la livrée du culte d'Isis et que plusieurs fois il changea la coupe de ses cheveux et de sa barbe, suivant qu'il voulait jouer tel ou tel rôle[2]. Nous savons encore qu'il s'évertuait, dans les représentations de l'amphithéâtre, à reproduire les traits en même temps qu'il portait le costume et représentait les hauts faits d'Hercule[3]. Malheureusement

que les médaillons de bronze qui ont d'un côté la tête de Commode barbu, à droite, couverte de la dépouille d'un lion, et au revers, l'arc, le carquois et la massue. Il y a aussi des pièces de potin frappées à Alexandrie d'Egypte et qui portent la légende : ΡΩΜΑΙΩΝ ΗΡΑΚΛΕΑ. L. ΑΙ. L'empereur Commode, sous la forme d'Hercule, debout, tenant les pommes sur la main droite, la gauche appuyée sur la massue, derrière une victoire qui couronne. » Conférez encore Eckhel. Doctrina numorum t. VII, p. 102 et 126.

1. Hérodien, liv. I, § XLVI.

2. Lampride. Commode, VIII.

3. A l'appui de l'interprétation que je crois pouvoir donner du vote du Sénat, je citerai un fait important. Caracalla qui prétendait ressusciter Alexandre le Grand, comme Commode prétendait ressusciter Hercule, écrivit au Sénat que l'âme d'Alexandre avait passé dans son corps. (Xiphil. liv.

les statues de l'Hercule Commodien n'existent
plus[1]. On a voulu voir Commode dans une statue
représentant Hercule et Télèphe, statue qui orne
la galerie du Vatican. Winckelmann et Visconti ont
combattu cette attribution par des raisons victo-
rieuses[2]. On trouve encore au Vatican une statue
en marbre grec qui se rapproche beaucoup de
notre Hercule de bronze : mais on a fabriqué un
Hercule Commodien en plaçant sur le corps d'Hercule une tête de Commode[3].

Puisque les statues de l'Hercule Commodien
nous font défaut, arrêtons-nous un instant sur le
portrait qu'Hérodien nous a laissé de Commode.

« A cette illustre origine, dit-il, à une jeunesse
» dans sa fleur, Commode joignait un extérieur
» plein de dignité ; son corps était bien propor-
» tionné, ses traits beaux et mâles, son regard à
» la fois paisible et plein de feu, sa chevelure, na-
» turellement blonde et bouclée, semblait briller
» comme la flamme, lorsqu'il se promenait au
» soleil, et l'on eût cru alors qu'une pluie d'or
» avait arrosé sa tête. Quelques uns, même, pré-
» tendaient voir, dans cette chevelure dorée, la
» marque d'une origine céleste et se figuraient
» qu'une auréole divine ceignait son front ; ses

LXXVII, ch. 7). C'est bien la doctrine de l'incarnation.

1. Lampride. Commode. IX.

2. Visconti. Museo Pio Clementino, t. II, p. 15, pl. IX.

3. Clarac. Musée de sculpture, t. IV, pl. 963, n° 2471 et
n° 2465. Voyez encore Guattani. Monum. Inéd. 1805, pl. 26.

» joues commençaient à se couvrir d'un léger
» duvet. Tel était Commode, tel était le jeune
» empereur, lorsqu'il s'offrit aux yeux des Romains
» et qu'ils l'accueillirent par des fêtes, des cris
» d'allégresse, des couronnes et des fleurs semées
» sous ses pas [1]. »

Considérons maintenant notre Hercule et, sans
prétendre qu'il représente le fils de Marc-Aurèle,
évoquons en notre imagination le Commode d'Hérodien. Il arrive : il paraît : il triomphe! A qui
comparer ce beau jeune homme sur le front duquel
resplendit une auréole divine? C'est un dieu!
personne n'en doute : mais quel dieu? Si ce n'est
Hercule, si ce n'est le dieu de la force, le dieu
des gladiateurs? Ne sait-on pas que, du vivant
et sous les yeux attristés de Marc-Aurèle, Commode a déjà lutté trois cent vingt fois avec les
athlètes et les cochers[2]? Que les artistes se mettent
à l'œuvre! qu'ils fassent revivre dans le bronze
et le marbre le nouvel athlète, le nouveau gladiateur, le nouveau vainqueur du lion de Némée! qu'ils
conservent le type consacré d'Hercule, mais
en y mêlant les formes juvéniles de Commode!
qu'ils n'oublient pas surtout ce léger duvet,
ces cheveux frisés dont les Romains admirent
l'innocent éclat, et qu'ils laissent à l'adulation
publique le soin de rechercher si la beauté

1. Hérodien. Liv. I. § XVIII.
2. Lampride. Commode, II, XII.

du divin Hercule n'est pas dépassée par la beauté
de l'Hercule impérial !

Est-ce à dire que l'Hercule Mastaï est un
Hercule Commodien? Non : mais l'Hercule Mastaï
peut être un de ses types, un de ses modèles, un
Hercule du siècle des Antonins, et, pour être
plus hardi et plus précis, un Hercule du règne
de Commode. Si cette conjecture était admise,
comme il serait facile d'expliquer les mutilations
qu'a subies notre statue ! et comment ne pas
avouer que le peuple romain dut nécessairement
confondre dans les mêmes hommages et plus tard,
dans les mêmes outrages, les statues que Commode avait fait ériger, soit avec le type d'Hercule,
soit avec le type de l'Hercule Commodien? L'imagination populaire établit naturellement des relations secrètes entre les statues d'Hercule et la vie
de Commode, et, pour dissiper tous les doutes,
je n'ai qu'à citer cette phrase de Lampride : « *Her-*
» *culis signum œneum sudavit in Minutiâ per*
» *plures dies* [1]. » Ainsi l'Hercule d'airain qui ornait le portique de Minutius paraît transpirer pendant plusieurs jours, et le peuple présage que la
vie de Commode est menacée [2]. Quelle lumière !

---

1. Lampride. Commode, XVI.

2. Cf. dans le Traité de la déesse syrienne ordinairement
intercalé dans les œuvres de Lucien, l'histoire des statues
d'Hiérapolis « qui suent, se meuvent et rendent des oracles. »
Conférez encore dans saint Augustin. Civ. Dei, liv. III,
ch. XI, l'histoire d'une statue d'Apollon de Cumes dont les

La foule se rue sur les statues qui représentent Hercule à l'âge de Commode ou qui semblent vivre de la vie de Commode, jouir des honneurs décernés à Commode, souffrir des outrages infligés à Commode? Il n'était pas nécessaire, pour être livrées aux injures de la foule, que ces statues représentassent Commode trait pour trait. Il suffisait qu'elles eussent été érigées par Commode, qu'on pût soupçonner qu'elles représentaient l'Hercule impérial, l'Hercule Commodien, ou que tout au moins elles avaient, avec la vie, la fortune, la prospérité du bourreau du Sénat et du peuple quelques mystérieuses relations [1].

Interrogeons maintenant l'histoire et cherchons dans les récits écourtés de Dion Cassius, d'Hérodien, de Lampride et de Capitolin de nouveaux arguments [2].

larmes présagèrent la défaite des Grecs.

1. MM. Visconti et de Witte ont admis que la statue d'Hercule avait pu être renversée, parce qu'elle avait été érigée par Pompée et qu'elle était en quelque sorte le symbole de ce grand homme. Je repousse cette conjecture parce qu'à l'époque de Pompée les mœurs publiques n'auraient pas supporté cette identification d'une divinité et d'un simple mortel : mais si d'éminents archéologues ont supposé que la chose était possible du temps de Pompée, à coup sûr ils ne refuseront pas de reconnaître qu'elle est certaine du temps de Commode, et qu'à vrai dire, jamais dans tout le cours de l'histoire romaine, la confusion impie d'un Dieu et d'un homme ne fut poussée aussi loin que sous le règne et dans la personne de ce prince.

2. Lampride. Commode, XVII, XVIII, XIX. — Capitolin.

Dès sa jeunesse, Commode avait voué un culte
particulier à Hercule, mais ce n'était pas seulement
au dieu de la force, c'était au patron des gladiateurs. « Commode ne fut pas un prince, dit Capi-
» tolin, mais un gladiateur [1]. » Né pour l'infamie
et pour le trône, Commode avait trahi, sous les
yeux mêmes de Marc-Aurèle, sa passion pour les
exercices du corps et d'adresse et ses instincts de
cruauté et de débauche [2]. Le souverain pouvoir
les fit éclater. Des histrions, des bouffons, des
athlètes et des cochers, il fit ses compagnons et
ses amis. Il s'exerça dans l'art de conduire des
chars, de combattre corps à corps, de tuer des
bêtes féroces, jusqu'au moment où il entra dans la
carrière de l'amphithéâtre [3].

Le Sénat, qui lui avait donné le surnom de Pieux
pour avoir désigné consul l'adultère de sa mère,
d'Heureux pour avoir fait mourir Perennis, de
Britannique parce que les Bretons avaient voulu
élire un autre empereur, le nomma Hercule romain,
« Hercules Romanus, » parce qu'il avait tué des
bêtes féroces dans l'amphithéâtre de Lanuvium [4].

Armé d'une massue et couvert, tantôt de vête-
ments de femme, tantôt d'une peau de lion, il

Pertinax, IV, V, VI. —Hérodien, liv. I, XLIX, L, LI, LII, LIII,
LIV, LV. Liv. II. I à XIV.
1. Capitolin. Marc-Aurèle, XIX.
2. Capitolin. Marc-Aurèle, XXVII.
3. Lampride. Commode, I.
4. Lampride. Commode, VIII.

assomma non-seulement des bêtes féroces, mais
aussi des hommes. Si ces victimes étaient faibles
et petites, il les faisait enfermer dans des corps
de dragons et les perçait de flèches. Il faillit un
jour tirer sur le sénat pour imiter Hercule tirant
sur les oiseaux de Stymphale [1].

Son extravagance fut portée à ce point, dit
Hérodien, qu'il voulut changer de nom, et qu'au
lieu de Commode, fils de Marc-Aurèle, il se fit
appeler Hercule, fils de Jupiter. Les inscriptions
et les monnaies confirment cette accusation. Aussi,
quittait-il souvent le costume romain et la pourpre
impériale pour se montrer en public avec une
peau de lion et une massue à la main. Au théâtre,
on portait devant lui, et on plaçait sur son siége,
ces attributs de la force herculéenne, qu'il
fût absent ou qu'il fût présent. On pense bien
qu'il se fit élever des statues dans la pose et le
costume classiques d'Hercule. Xiphilin le dit
nettement : « Parmi les statues qu'on avait éle-
» vées en son honneur, il y en avait plusieurs où
» il était représenté avec le costume et les
» attributs d'Hercule. » Hérodien dit encore :
« Il se fit ériger des statues dans tous les quartiers
» de Rome; l'une d'elles, placée devant le sénat,
» avait un arc tendu à la main [2]. » Enfin Lampride
ajoute : « On lui érigea des statues qui le repré-

---

1. Lampride. Commode, § IX.
2. Hérodien, liv. I, § XLVI.

» sentaient en Hercule, et des victimes lui furent
» immolées comme à un Dieu [1]. » En effet, lorsqu'il
proposa au Sénat de changer le nom de Rome en
celui de Commode, non-seulement cette assemblée
y consentit, mais elle adopta elle-même le nom de
Sénat Commodien, et elle appela Commode Hercule et Dieu : « *Commodum Herculem et Deum*
» *appellans* [2]. »

La passion de Commode pour le métier de gladiateur finit par lui faire oublier qu'il était Hercule. Il en avait quitté le nom glorieux pour
prendre le nom infâme des gladiateurs les plus célèbres. Il dédaignait le titre d' « *Hercules Romanus* »
et se faisait acclamer six cent vingt fois : « *Paulus,*
» *primus sequutorum* » [3]. Il avait fui le Palais et
était allé chercher le sommeil et le repos sur le
mont Cœlius.

L'année 192 finissait, et le jour des Saturnales
devait voir les consuls désignés revêtir, au milieu
de la joie universelle, les marques de leur dignité nouvelle. Commode résolut de les faire
périr, de s'arroger le consulat et de remplacer
la cérémonie consulaire par une promenade gla-
diatorale. Lui-même devait sortir, armé de pied
en cap, du lieu des exercices, et se prosti-
tuer publiquement en conduisant à travers les

1. Lampride. Commode, IX : « Accepit statuas in Her-
culis habitu, eique immolatum est ut deo. »

2. Lampride. Commode, VIII.

3. Lampride. Commode, XV.

rues de Rome la troupe infâme des gladiateurs.
Commode confie ce projet à Marcia. C'était,
de toutes ses concubines, celle qu'il aimait le
mieux. A cette étrange nouvelle, Marcia fond en
larmes et le supplie à genoux de ne point livrer sa
vie à des misérables sans nom. Commode la
repousse brutalement et charge Lœtus, préfet du
prétoire, et Electus, son chambellan, de tout pré-
parer. Mêlant les remontrances aux prières, Lœtus
et Electus tentent d'ébranler Commode. Irrité de
voir que ses confidents les plus intimes n'approu-
vent pas ses desseins, il écrit sur une cédule les
noms de ceux que, pour le premier jour de l'année,
il compte faire périr. Marcia, Lœtus, Electus, les
anciens amis de Marc-Aurèle, plusieurs sénateurs,
beaucoup de personnes riches et influentes, composaient la liste des victimes. Il place cette cédule
sous le chevet de son lit et se rend au bain. Un
petit enfant, qui servait à ses débauches et qui
avait la liberté d'entrer et de jouer dans sa chambre,
trouve le billet et l'emporte. Par un nouveau
hasard, Marcia rencontre cet enfant et lui enlève
le billet. Sans perdre un moment, elle réunit Lœtus
et Electus et, tous trois, tombent d'accord. Au
retour du bain, Marcia présentera à l'empereur
un breuvage empoisonné. Le coup est fait. Commode, étourdi, se couche, et les conjurés atten-
dent les dernières convulsions de l'agonie. Tout
à coup le moribond s'élance ; il devine le poison ;
il menace. Les conjurés sentent qu'en laissant à

Commode le temps de parler, ils lui laissent le temps de se venger. Ils appellent un athlète, et Commode est étranglé.

A qui maintenant donner l'Empire? Pertinax jouissait d'une réputation méritée. Il était sénateur; il avait gouverné la Syrie, les deux Mésies, la Dacie, l'Afrique, et rempli les fonctions de préfet de Rome. En voyant Lœtus et Electus pénétrer de force dans son domicile, au milieu de la nuit, Pertinax se figure qu'ils lui apportent la mort. C'était, il est vrai, lui apporter la mort que de lui apporter l'empire. Pertinax se défend un instant, puis se laisse conduire au camp des prétoriens. Lœtus assemble les soldats et les harangue; Pertinax les harangue à son tour, mais il commet la noble faute de leur parler de réformes et de discipline. Cependant, au milieu des murmures, quelques voix s'élèvent et saluent Pertinax « impe- » rator. » Le peuple, qui entoure le camp, répond par des clameurs. Surpris, les prétoriens s'abandonnent et livrent à regret le serment de fidélité. Il faisait encore nuit lorsque le nouvel empereur se présenta aux portes du Sénat; elles étaient closes. C'est dans le temple de la Concorde qu'il reçoit les premières félicitations des consuls et des magistrats. Cependant Pompeianus, le gendre de Marc-Aurèle, ne cache pas la surprise que lui inspire la mort suspecte de Commode. A ces regrets, qui semblent une accusation, Pertinax répond en lui offrant l'empire. Pompeianus refuse

et, le jour paraissant, le Sénat entre en séance.
Les consuls firent d'abord l'éloge de Pertinax,
mais à peine eurent-ils achevé leurs discours que
le Sénat tout entier se lève et, dans des acclamations d'une incroyable violence, voue la mémoire
de Commode à l'infamie. On dirait que la colère
de la peur et l'espérance du salut emportent
une assemblée de condamnés à mort et que ces
condamnés, échappés au supplice, frappent et
frappent encore le cadavre de leur juge et
de leur bourreau. « Que l'on arrache les
» honneurs à l'ennemi de la patrie! que l'on
» arrache les honneurs au parricide! que le parri-
» cide soit traîné! que l'ennemi de la patrie, que
» le parricide, que le gladiateur soit déchiré dans
» le spoliaire! l'ennemi des dieux! le bourreau du
» Sénat! que le meurtrier du Sénat soit traîné avec
» le croc! à bas les statues de l'ennemi! à bas les
» statues du parricide! à bas les statues du gladia-
» teur! qu'on traîne le meurtrier des citoyens!
» qu'on traîne le parricide des citoyens! qu'on
» abatte les statues du gladiateur! »

Le tumulte des imprécations et des acclamations
se prolongea, avec une fureur croissante, jusqu'au
moment où Fabius Chilon, consul désigné, crut
devoir annoncer au Sénat que le cadavre de Commode avait été enseveli dans le cours de la nuit.
« Qui a donné cet ordre! qu'on déterre le parri-
» cide! qu'il soit traîné! » rugissent les sénateurs.
Cingius Sévère se lève : « Il ne méritait pas une

» sépulture. Je le dis en qualité de pontife, et le
» collége des prêtres le dit avec moi. Je pense
» qu'il faut abattre les statues de celui qui, n'ayant
» vécu que pour la ruine des citoyens et pour sa
» propre honte, a obtenu par la terreur des hon-
» neurs immérités. Qu'on renverse partout ses
» statues, qu'on efface son nom de tous les monu-
» ments publics et particuliers, enfin qu'on rende
» aux mois les noms qu'ils portaient avant que ce
» fléau ne désolât la république! » Ces résolutions
ayant été couvertes d'applaudissements, Pertinax
prit la parole, remercia le Sénat et surtout le
préfet du prétoire, Lœtus. Entrainé par la violence
de la délibération, le consul Falcon lui répliqua :
« Il nous est aisé de prévoir comment tu gouver-
» neras, puisque nous voyons derrière toi Lœtus et
» Marcia, les exécuteurs des crimes de Commode. »

En sortant du sénat, Pertinax se rendit au
Capitole, sacrifia et reçut le titre de Père de la
Patrie, puis il fut conduit au palais que Commode
avait abandonné et, suivant la coutume, il réunit
le même jour, dans un festin solennel, les principaux sénateurs et les magistrats.

Ce fut le lendemain des calendes qu'on abattit
les statues de Commode. La rage qui avait éclaté
dans les acclamations du Sénat souilla l'exécution
de ses décrets. Non-seulement les statues de
Commode, et nous avons vu qu'un grand nombre
le représentaient avec les attributs et sous les traits
d'Hercule, non-seulement ces statues furent ren-

versées, mais encore mutilées et déshonorées.
« Il n'est pas possible, dit Xiphilin, de répéter
» toutes les injures que proférèrent les séna-
» teurs et le peuple. Ils voulurent traîner par
» les rues son corps et ses statues, mais Pertinax
» leur ayant dit que le corps avait été déjà ense-
» veli, ils l'épargnèrent et firent en revanche
» aux statues *tous les outrages qu'ils purent in-*
» *venter.* » Et quel plus grand outrage que d'arracher les parties viriles et quel châtiment plus
juste pour celui qui, dès son enfance, avait
pratiqué le métier infâme des Néron et des Héliogabale !

Les statues abattues, mutilées, déshonorées (et
non-seulement les statues de Commode, mais les
statues de l'Hercule Commodien, et même les
statues d'Hercule élevées par Commode), que
pouvait-on faire? Dans le tumulte populaire n'était-
il pas prudent de les dérober à la fureur des uns,
aux hommages des autres? Considérez un instant
la situation des partis. D'un côté, un empereur
improvisé, n'ayant d'autre appui que le Sénat et
le peuple, associés dans les mêmes haines. De
l'autre, les partisans de la famille de Marc-Aurèle,
égarés au milieu des créatures de Commode; les
ambitieux, Maternus, Falcon, Julien, s'agitant
au milieu des courtisans compromis; enfin, unis
dans leurs rancunes et dans leurs passions, les
prétoriens cherchant un autre maître pour s'assu-
rer l'impunité de la corruption et de l'oisiveté!

En montant sur le trône, Pertinax était condamné. Les Prétoriens ne pouvaient lui pardonner d'avoir parlé de réformes quand il fallait
parler d'argent. Au tribun qui vint le premier lui
demander le mot d'ordre, l'empereur avait ré-
pondu : « Combattons, » et les prétoriens
ne voulaient pas combattre. Aussi éclatèrent-ils
en gémissements, au moment où furent abattues
les statues de leur protecteur, du fils de Marc-
Aurèle, et tandis que le peuple se livrait avec
fureur à cet acte de justice, les prétoriens s'indi-
gnaient d'une exécution qui semblait retomber
sur eux. Quelques jours après, ils tentaient,
d'entraîner dans leur camp et de proclamer
empereur Triarius Maternus Lascirius ; quelques
semaines plus tard, le consul Falcon tendait des
embûches à Pertinax et trois mois ne s'étaient pas
écoulés que ce dernier était assassiné et l'empire
vendu à l'encan.

Informées du meurtre de Commode, du règne
de Pertinax, de l'avénement de Julien, les légions
de Germanie élurent empereur Septime-Sévère.
Julien fut massacré dans son palais et Sévère
entra bientôt à Rome au milieu de ses troupes,
dans l'appareil redoutable d'un maître et d'un
vengeur. Pour plaire au peuple, il fit à la mémoire
de Pertinax des obsèques magnifiques et pour
humilier le Sénat, il mit Commode au rang des
dieux[1].

1. Les inscriptions au nom de Commode sont une nou-

Ai-je besoin de montrer, dans cette révolution de quelques mois, toutes les passions en mouvement, tous les intérêts en jeu, tous les partis en lutte, et, si l'on veut se borner aux quelques jours qui suivirent la mort de Commode, ne sent-on pas gronder au fond de tous les esprits et de tous les cœurs l'anxiété du lendemain, la terreur des représailles, la fureur de la vengeance ? Quel rôle ne doit-elle pas jouer dans l'histoire de la statue d'Hercule, cette phrase de Capitolin : « Quand on abattit, le len- » demain des calendes, les statues de Commode, » les soldats gémirent : *Quum postero calendarum* » *die statuæ Commodi dejicerentur, gemuerunt* » *milites*[1]. » En évoquant le spectacle que peint cette simple phrase, je vois la foule se ruant tantôt sur les statues d'Hercule qu'avait élevées Commode, et tantôt sur les statues de Commode avec les attributs d'Hercule ; je vois l'indignation des prétoriens et j'entends l'explosion de leur douleur et de leur colère. Je vois des partisans de la famille de Marc-Aurèle, des créatures de Commode, peut-être même les prêtres de l'Hercule Commo-

velle preuve de l'anarchie dans laquelle le monde romain fut plongé jusqu'à l'avénement de Septime Sévère. Quoique le sénat eût ordonné d'effacer de tous les monuments le nom de ce monstre, la plupart des inscriptions sont restées intactes! Et pourquoi? Parce qu'on attendait la fin de la révolution; on se demandait qui aurait la force, du sénat ou des soldats. Septime Sévère se chargea de la réponse.

1. Capitolin. Pertinax. VI.

dien, par reconnaissance du passé, par espérance
de l'avenir, je les vois recueillir et cacher les statues
mutilées d'un empereur ou d'un dieu. Qui sait
même si ces statues ne sont pas secrètement et rapidement ensevelies sur l'ordre même de l'empereur?
Après avoir dérobé le cadavre de Commode,
pourquoi Pertinax ne déroberait-il pas les statues
de l'Hercule Commodien? De tous les côtés, des
périls l'accablent. Il faut entrer dans la vengeance
du Sénat et du peuple, mais il faut apaiser les
regrets menaçants des prétoriens, et si, par
hasard, la statue renversée n'est qu'une statue
d'Hercule, confondue dans le tumulte avec l'Hercule Commodien, que de raisons pour faire
disparaître les témoignages scandaleux d'une
violence impie!

Quoi qu'il en soit, après avoir parcouru rapidement l'histoire des empereurs qui ont pris
successivement les attributs d'Hercule, un concours de conjectures et de preuves nous ramène
vers le règne de Commode. A toutes les objec-
tions, à toutes les questions, à tous les doutes,
la critique d'art ou les leçons de l'histoire semblent
fournir une réponse victorieuse.

Je me résume. Si l'on demande quelle est cette
statue, je réponds : c'est une statue d'Hercule.

Sous les traits et avec les attributs d'Hercule,
l'artiste a-t-il voulu représenter un empereur?
Je ne le pense pas, mais j'ajoute que, s'il avait eu
ce dessein, cet empereur pourrait être Commode.

Pourquoi Commode? parce que cette statue représente Hercule jeune et que Commode est le seul empereur qui, prenant les attributs d'Her‑cule, ait régné depuis l'âge de dix-huit jusqu'à l'âge de trente ans. La barbe est naissante et saint Augustin dit, à propos de l'Hercule barbu du Forum romain : « *Deus fortitudinis dolet dici* » *Hercules : Tota virtus ejus in barba*[1]. » Les cheveux sont bouclés et courts comme ceux d'un athlète, et Commode en était un; les formes mâles et juvéniles rappellent le portrait qu'Hérodien a tracé du fils de Marc-Aurèle.

Mais Commode s'est-il fait représenter en·Her‑cule? Non-seulement il s'est fait représenter avec les attributs d'Hercule, mais il s'est fait déclarer par le Sénat « Hercule et dieu, » et comme il était Hercule lui-même, on pouvait le représenter et l'adorer sous les traits mêmes d'Hercule. Les Hercules Commodiens devaient être taillés sur le même type que notre Hercule, et je tiens pour certain que le peuple, quand il renversa les statues de l'Hercule Commodien, renversa en même temps des statues d'Hercule jeune élevées par Commode. Toutes les statues de l'Hercule Commodien furent abattues par ordre du Sénat après la mort de Commode. Comment le peuple n'aurait-il pas abattu des statues élevées par

1. Saint August. éd. MDCLXXIX, t. V, p. 132, Sermon XXIV.

Commode à Hercule de peur de laisser debout
une statue de l'Hercule Commodien? Pouvait-il
distinguer les statues de l'Hercule Commodien
et les statues d'Hercule jeune, puisqu'il suppo-
sait (Lampride le dit formellement) que certaines
statues d'Hercule avaient, avec la vie de Commode, des relations surnaturelles?

Cette statue d'Hercule est mutilée. Or, Xiphilin
nous apprend qu'aux statues renversées de
l'Hercule Commodien, le Sénat et le peuple firent
tous les outrages qu'ils purent inventer. Pertinax
avait privé le Sénat et le peuple du plaisir de
traîner avec le croc le cadavre même de l'empereur. Le Sénat et le peuple se consolèrent en
déshonorant les statues par la mutilation des
parties viriles.

Voici donc une statue d'Hercule confondue avec
les statues de l'Hercule Commodien, renversée et
mutilée. Pourquoi l'avoir recueillie et ensevelie?
Parce que les statues de l'Hercule Commodien
furent renversées le 6 des calendes de Janvier,
l'an 193, dans l'explosion d'un tumulte révolution-
naire, que les prétoriens protestèrent, murmu-
rèrent et faillirent se révolter, qu'il était urgent
de faire disparaître et les témoignages de la vengeance du Sénat et du peuple, et qu'il fallait à
tout prix ramener le calme dans les esprits, et la
paix dans les rues.

Ainsi la crise à laquelle Rome fut en proie pendant quelques jours, en soulevant les passions des

partis contraires, suffit pour expliquer l'enseve-
lissement secret de notre statue d'Hercule. Tout
s'explique et s'accorde. A ce point de l'histoire
romaine, les faits de la cause sont appuyés par
des preuves et justifiés par des textes. On pourrait
presque s'arrêter et se hasarder à porter un jugement, mais la liste des adorateurs d'Hercule n'est
pas épuisée, et l'enquête, poursuivie sincèrement
jusqu'à la fin de l'empire, nous ouvrira de nouveaux horizons.

Le règne de Commode eut cet effet de rendre
le gouvernement des empereurs-dieux tout à fait
impopulaire. Les Romains avaient souffert des
prétentions sacriléges de Commode plus que
l'état des mœurs publiques n'aurait pu le faire
supposer. L'explosion de haine qui bouleversa
Rome pendant plusieurs jours trouva un écho
dans des discours et des épigrammes. « Je citerai,
» dit Lampride, des vers faits contre Commode,
» afin que tout le monde sache qu'on faisait plus
» de cas des Antonins que des dieux. »

« Commode, qui connaît les droits de l'huma-
» nité et de l'empire, désire porter le nom d'Her-
» cule. Il ne pense pas que le nom des Antonins
» soit bon. Il espère, sous le nom d'un dieu,
» plus de gloire que sous le nom du meilleur des
» princes, et pourtant il ne sera ni ce dieu ni
» même un homme [1]. »

1: Lampride. Diadumene, VII.

Ainsi, Commode, en se l'appliquant, avait comme déshonoré le nom d'Hercule et réduit les hommes à préférer le gouvernement de leurs semblables au gouvernement des dieux. La réaction fut si vive que Caracalla qui, dans des lettres intimes, se glorifiait d'avoir combattu un lion et, par là, d'avoir approché de la valeur d'Hercule, défendait qu'on lui donnât le nom d'Hercule ni d'aucun autre dieu[1]. De même, Alexandre Sévère, quoiqu'il présidât souvent aux jeux établis en l'honneur d'Hercule, afin de témoigner son respect pour la mémoire du grand Alexandre, avait refusé de prendre le nom d'Antonin souillé par Héliogabale, et n'accepta pas le surnom d'Hercule souillé par Commode[2].

Si les successeurs de Commode trouvèrent prudent de dédaigner le rang d'un dieu impérial et vivant, du moins ils continuèrent à donner au culte d'Hercule les marques d'une dévotion particulière. Septime-Sévère, en ce point et dans cette mesure, recueillit l'héritage de Commode. Il prit Hercule et Bacchus pour les dieux protecteurs de sa famille, ainsi que l'attestent les médailles sur lesquelles ces deux divinités ont le titre de « DII » AUSPICES. »[3] Il leur fit bâtir un temple commun

---

1. Spartien. Caracalla, 5. « Deorum sane se nominibus appellari vetuit, quod Commodus fecerat, quum illi eum quod leonem aliasque feras occidisset, Herculem dicerent. »

2. Lampride. Alex. Sévère, VII.

3. Millin. Monuments inédits, in-4°, t. I, p. 250.

et magnifique. L'inscription DII PATRII, qu'on trouve sur les médailles de Caracalla avec le même type, prouve qu'il était resté fidèle aux exemples paternels. Il paraît même qu'au commencement de son règne, Hercule était plus particulièrement le patron de Caracalla, et Bacchus le patron de Géta, et pourtant Caracalla refusa obstinément le titre et le surnom d'Hercule.

D'autres, il est vrai, furent moins réservés, Posthume, Gallien, Probus, par exemple, mais aucun de ces empereurs n'eut la folie de se faire déclarer « Hercule et Dieu. » Posthume permit, il est vrai, qu'on inscrivît au revers de ses médailles : « *Herculi Romano aug.*, » mais cette formule, empruntée à Commode, avait surtout pour objet de montrer que Posthume, l'empereur des Gaules, était aussi l'empereur de Rome, le successeur d'Auguste et le pacificateur du monde. En effet, on voit très-souvent, sur les médailles de Posthume, sa tête accolée à celle de l'Hercule barbu, et la ressemblance entre les deux types est telle qu'on peut les confondre : d'où il suit qu'Hercule jouait auprès de Posthume le rôle de patron, de protecteur, de compagnon, et c'est assurément le même rôle que lui assignaient Gallien, Probus et Carausius [1]. Je n'ai pas besoin d'ajouter que l'histoire de

1. De Witte. Recherches sur les empereurs qui ont régné dans les Gaules, Lyon, 1868, pl. i, n° 13, pl. ii, n° 18, pl. v, n° 71.

ces princes écarte absolument toutes les circonstances qu'il est nécessaire de supposer pour expliquer la mutilation et l'enfouissement de l'Hercule Mastaï.

Nous voici donc arrivés au règne de Maximien Herculius, dont le surnom devait naturellement attirer l'attention de la critique, et qui, dans la série des empereurs protégés par Hercule ou confondus avec lui, tient une place importante[1].

Lorsque Dioclétien eut associé à l'empire son camarade Maximien, il voulut consacrer cette association en la plaçant sous le patronage des dieux protecteurs de Rome, c'est-à-dire de Jupiter, le maître du ciel, et d'Hercule, le héros de la terre. Dioclétien prit le surnom de « Jovius, » et Maximien celui d' « Herculius »; en un mot, Dioclétien devint légalement et religieusement le fils adoptif de Jupiter, et Maximien le fils d'Hercule. C'est cette situation que Mamertin exprime très énergiquement dans le panégyrique de Maximien Herculius, en appelant Jupiter l'auteur de Dioclétien : « *Diocletiani auctor deus*, » et Hercule, l'Hercule de Maximien : « *Maximiane, Hercules tuus*[2]. » Eumène précise et confirme ces aveux dans le panégyrique de Constance : « Indépen- » damment, dit-il, des intérêts et des soins de » l'État, une parenté de majesté entre Jupiter et

----

1. Journal des Savants, août 1868, p. 485 et suiv.

2. Panegyrici Veteres. Parisiis 1676. Mamertin. Genethliacus Maximiani, § III, p. 127.

» Hercule, les Joviens et les Herculiens, exigeait
» une ressemblance avec l'univers et les phéno-
» mènes célestes[1]. » En effet la famille des Joviens
et des Herculiens, après s'être constituée dans les
Augustes, s'était étendue dans les Césars, et
lorsqu'Eumène s'écrie : « C'est sans doute pour
» obéir à cette inspiration naturelle d'Hercule
» son aïeul et de Maximien Herculius son père,
» que César Herculius favorise avec tant d'em-
» pressement le culte des belles-lettres[2], » il
établit les trois degrés de génération dans la
branche Herculienne de la famille impériale :
Hercule, Maximien, Constance. Maximien ne pouvait donc pas dire, à l'exemple de Commode,
qu'il était Hercule lui-même fils de Jupiter, ou, à
l'exemple de Caracalla, que l'âme d'Alexandre
avait passé dans son propre corps; il était simplement, et pour me servir de l'expression que Mamertin applique à Hercule « post adoptionem cœlitum », il était fils adoptif d'Hercule et nécessairement un mortel consacré et divinisé par l'adop-
tion. Il est donc naturel de conclure que Maximien Herculius ne songea pas à se faire représenter
et adorer comme Hercule lui-même, et que les
statues héroïques d'Hercule ne représentent pas
l'empereur Maximien.

La numismatique confirme cette conjecture.
Nous avons vu que Commode, le premier, sur des

1. Id. Eumenii Paneg. Constantio Cæsari, § IV, p. 168.
2. Id. Eumenii Pro restaur. scholis, § VIII, p. 151.

monnaies romaines, avait osé s'assimiler à Hercule
et fait frapper au revers de ces monnaies les
légendes : « *Herculi Commodiano... Herc. Rom.*
» *Conditori... Herc. Rom. Augu... Herculi Com-*
» *modo Aug*[1]. » Nous avons vu encore que Posthume
et Probus, supposant qu'ils étaient des Hercules
impériaux, avaient imité Commode sans l'égaler
et pris les qualifications d'Hercule romain : « *Her-*
» *culi Romano Aug.* » Dans l'histoire de la divini-
sation impériale, Maximien affichera-t-il le même
rôle, la même attitude, la même prétention?
Nullement. Maximien n'est pas un Hercule impérial. C'est un empereur Herculien; ce qui est très-
différent. Presque jamais, sur les médailles, nous
devrions dire jamais, Maximien ne se confond avec
Hercule. Les légendes ne portent pas : « *Herculi*
« *Romano Augusto,* » mais « *Herculio Maximiano*
» *Augusto,* » et, distinguant le dieu protecteur et
l'auguste protégé, elles disent encore : « *Herculi*
» *Augg.; Herculi comiti Augg. et Cæss.; Herculi*
» *conser. Augg. et Cæss.; Herculi invicto*
» *Augg*[2]. » Tantôt, Dioclétien en habit militaire
debout devant Jupiter[3]. Tantôt, Maximien, en
habit militaire, debout devant Hercule[4]. Tantôt,
Jupiter, nu, debout, tenant un globe et un

1. Cohen. Description des médailles impériales, Commode.
T. IV, passim.
2. Cohen. Maximien Herculius. T. VI, n** 36, 38, 39, 47.
3. Id. Dioclétien, T. VI, n** 133, 147.
4. Id. Maximien Herculius. T. VI, n° 172.

sceptre ; en face, Hercule, nu, debout, tenant une massue et une Victoire : tous deux avec cette légende : « *Jov. et Hercu. conser. Augg*[1]. » Tantôt, les deux empereurs, en habit militaire, sacrifiant sur un trépied, et au dessus, dans le champ, Jupiter et Hercule sur un autel orné de guirlandes, avec cette légende : « *Jovio et Her-* » *culio*[2]. » En un mot, Jupiter se distingue toujours de Dioclétien, comme Hercule de Maximien, à ce point que Jupiter, le patron de Dioclétien, est déclaré le conservateur, le tuteur, le protecteur de Maximien, comme Hercule, le patron de Maximien, l'est en même temps de Dioclétien. « *Dividere*, » dit Mamertin, « *inter vos Dii immor-* » *tales sua beneficia non possunt ; quicquid alter-* » *utri præstatur amborum est.* »[3] Cette quadruple alliance des dieux et des mortels laisse à chacun sa personnalité et nous permet d'avancer que la sculpture ne dut pas plus que la numismatique reproduire Maximien Herculius, je ne dis pas avec certains attributs, mais dans les attitudes mythologiques et sous les formes héroïques d'Hercule.

A ces raisons, on peut en ajouter d'autres pour combattre l'opinion qui ferait de notre Hercule un Maximien divinisé. Comment ne pas voir que

1. Id. Dioclétien. T. VI, n° 203.

2. Id. Dioclétien et Maximien Herculius. T. VI, p. 425, n° 2.

3. Mamertin. Genethliacus Maximiani. § VII, p. 131.

l'Hercule Mastaï est un jeune homme, et se souvenir que Maximien ne fut associé à l'empire qu'à quarante ans? Maximien, transformé en Hercule, eût-il porté les cheveux frisés, lui qui avait les cheveux coupés en brosse? On a parlé de la barbe : mais la barbe naissante de l'Hercule Mastaï n'a aucun rapport avec la barbe épaisse et courte de Maximien. Enfin, l'Hercule Mastaï a le type grec, le type de la force accompagnée d'une certaine noblesse, et la figure de Maximien, au dire d'Eutrope, inspirait l'horreur : « *asperitatem suam* » *etiam vultus horrore significans* [1]. »

Ces observations suffisent, ce me semble, pour écarter tout rapprochement entre Maximien Herculius et l'Hercule Mastaï; mais on peut en appeler à l'histoire, et c'est précisément dans l'histoire que je cherche en vain des circonstances qui s'accordent avec l'état de notre statue.

Commençons par examiner la tragi-comédie de 306. Dioclétien et Maximien avaient abdiqué. Maxence, fils de Maximien, profondément irrité du choix des Césars Sévère et Maximien, attendait une occasion de se venger. Galère la lui offrit. Il imposa le cens à toute l'Italie. Rome se souleva et proclama Maxence Auguste. Sévère, auquel l'Italie avait été départie, marche contre lui. Maxence appelle à son secours son père Maximien Herculius, qui supportait avec chagrin

____

1. Eutrope. liv. IX, n° XVI.

l'abdication à laquelle Dioclétien l'avait condamné. Maximien reprend la pourpre, et tout sourit d'abord à l'alliance du père et du fils. Sévère, abandonné par ses troupes, se livre et se tue. Galère s'avance, menace et s'enfuit. Désormais, Maxence pourra couler dans Rome une vie de paresse et de débauche. Empereur sans états, général sans armée, comblé d'honneurs et sans pouvoir, ardent, inquiet, insatiable, le vieux Maximien s'indigne de vivre dans la dépendance d'un fils qu'il méprise[1]. Il voit que les Romains admirent officiellement la piété de Maxence qui lui a rendu la pourpre, et il se figure que cette admiration est un hommage rendu à la supériorité de ses talents. Il voit que Maxence n'a pas le génie de la guerre et qu'il règne par la corruption, et il se figure que le Sénat et le peuple supportent mal le joug d'un débauché. Il voit, dans les soldats qu'il a commandés et qu'il ne commande plus, les instruments de la toute-puissance, et il oublie que ces soldats sont vendus à leur jouissance avant d'être fidèles à leurs souvenirs. Il convoque le peuple et l'armée. Il accuse devant eux Maxence, stupéfait; que dis-je! Il cherche de ses propres mains à lui arracher la pourpre impériale. Maxence se débat, se précipite au milieu des soldats qui le couvrent de leurs corps, et Maximien se hâte de

1. Lactantii. De mortibus Persecutorum, § XXVI.

quitter Rome, la honte et la rage dans le cœur[1].

C'est ici que, suivant d'éminents archéologues, pourraient se placer les scènes de vengeance dont notre statue d'Hercule porte les marques[2] : mais ne peut-on pas répondre aussitôt que la tentative de Maximien, si extraordinaire qu'elle paraisse, devait avoir, soit dans l'opinion du Sénat, soit dans l'opinion du peuple, quelques éléments de succès? que dès lors les passions ne devaient pas être surexcitées au point de justifier les plus honteuses violences? Quelqu'irrités qu'ils fussent, les soldats auraient joué un rôle bien singulier, en abattant et mutilant les statues de leur ancien général, du père de l'empereur. S'ils n'avaient pas pu dominer leur fureur, ils l'auraient tué sur place, et tout au contraire, ne voit-on pas qu'ils le chassent de Rome, qu'ils s'en débarrassent pour continuer avec leur Auguste une vie d'oisiveté et de plaisirs? Maxence lui-même pouvait-il se croire assez puissant pour rompre à jamais avec son père, soit par un meurtre qui lui aurait fait perdre cette popularité de piété filiale qui était une partie de sa force, soit par des actes qui, dans Rome elle-même, auraient peut-être compromis un succès si inattendu? et en effet, toujours en campagne et toujours en fuite, toujours chassé et toujours battu, Maximien,

1. Lactantii. De mortibus Persecutorum, § XXVIII.
2. Compte-rendu des séances de l'Académie des Inscript. et Belles-Lettres, t. II, p. 102 et 103.

sans grande autorité, n'en conservait pas moins
une grande situation. A l'instant même où il
venait de faire acte d'ennemi, on pouvait compter
sur des retours d'alliance sincère et utile. Cela
est si vrai que Maximien Herculius lui-même,
lorsqu'il sentit le coup destiné à son fils retomber
sur sa tête, lorsqu'il vit sa tentative déjouée par
une explosion de clameurs, essaya de tourner le
drame en sa faveur. Il déclara qu'il avait simplement voulu mettre à l'épreuve le dévouement des
soldats. On ne le crut pas : mais nombre de gens
soupçonnèrent que cette scène avait été une comédie concertée avec Maxence lui-même et destinée à
favoriser les intrigues de Maximien contre les autres
empereurs, leurs adversaires communs[1]. Un tel
soupçon n'aurait pas été accepté par les auteurs
contemporains, si Maxence avait fait abattre les
statues de Maximien Herculius, et d'ailleurs, ne
savons-nous pas que Maxence respecta toujours
la fortune ou la mémoire d'un père qu'il détestait
peut-être dans le secret de son cœur mais que la
politique lui interdisait de poursuivre officiellement? Lorsque Maximien se fut étranglé, Maxence
affecta une grande douleur et ordonna l'apothéose
de Maximien Herculius. Voilà, ce me semble, des
indices et, pour ainsi dire, une preuve des sentiments et de la conduite que dut avoir et tenir
Maxence après la tentative avortée de 306.

1. Lact. De mort. Persecut. § XLIII.

Ce n'est pas Maxence, c'est Constantin qui fit renverser les statues de Maximien Herculius. Lactance rapporte que ce prince fit même abattre les groupes ou détruire les tableaux dans lesquels son beau-père était représenté avec Dioclétien[1]. Eusèbe, dans la vie de Constantin, répète que Maximien mourut d'une mort infâme et que Constantin fit partout abattre ses statues[2]. La situation morale de Rome, après la bataille du pont Milvius et au moment de l'entrée triomphale de Constantin, expliquerait un peu mieux les mutilations d'une statue d'Hercule que cette situation au moment de la déposition avortée de Maxence. La lutte commençait à s'engager entre les anciens dieux et le Dieu des chrétiens, et, s'il est vrai, comme l'affirme Eusèbe, que Constantin s'érigea à lui-même une statue avec une croix à la main[3], il est plus naturel de penser qu'on renversa la statue d'Hercule, patron de Maximien ; mais cette hypothèse me paraît, à vrai dire, tout à fait invraisemblable. Cent ans nous séparent encore du moment où la première

1. Lact. De mort. Persecut. § XLII.

2. Euseb. Vita Constant. liv. I, ch. XLVII. — M. de Witte, dans son Discours lu au Capitole, p. 212, cite un passage d'Eusèbe. Hist. Eccles. l. IX, ch. XI, qui n'a aucun rapport avec Maximien Herculius et qui a trait à Maximin. Que les statues de Maximin aient été brisées et renversées, peu importe, Maximin ne passant pas pour avoir pris le patronage et les attributs d'Hercule.

3. Euseb. Vita Constant. liv. I, ch. XL.

statue d'un faux dieu tombera dans Rome, et s'il est vrai que l'Hercule Mastaï représente Hercule et non pas Maximien, comment Constantin, dont quelques monnaies reproduisent le type d'Hercule, aurait-il fait abattre un colosse représentant Hercule lui-même tenant les pommes des Hespérides[1]?

Et maintenant, embrassons d'un seul regard tous les siècles que nous venons de parcourir; citons les Hercules impériaux et les empereurs Herculiens: Néron, Domitien, Commode, Posthume, Probus, Maximien, et, si l'on veut expliquer la mutilation et l'enfouissement de l'Hercule Mastaï par des raisons de politique ou par un coup de vengeance populaire, répétons que la chute de Commode est le seul moment de l'histoire romaine où les solutions contradictoires que semble nous imposer l'Hercule Mastaï peuvent se concilier avec une certaine vraisemblance.

IV.

Reste une dernière hypothèse que d'illustres savants ont trop promptement écartée. On laisse de côté la question de style et de date, et ne considérant que les circonstances au milieu desquelles notre statue a été découverte, on dit: « Peu importe » que la statue d'Hercule soit du temps de Pompée,

1. Cohen. Descript. des médailles impériales, Constantin. T. VI, n° 327.

» de Commode ou de Maximien Herculius. Elle a
» été abattue et mutilée par des chrétiens, puis
» recueillie et cachée par des payens, soit dans
» l'espérance de la relever, soit dans le but d'en
» tirer profit. L'occasion a manqué et la statue
» d'Hercule a dormi des siècles dans son lit de
» mortier. » Autour de cette conjecture se
groupent mille souvenirs. Faut-il rappeler le pillage des temples payens ordonné ou toléré en
Orient par Constantin pour embellir, et orner sa
nouvelle capitale, et, bientôt après, la destruction
des statues consacrées par un culte séculaire à
d'antiques superstitions[1]? A Apamée, saint Marcel
entraîne une bande de gladiateurs et renverse le
temple et la statue de Jupiter[2]. A Alexandrie,
l'évêque Théophile, après un sanglant combat,
pénètre dans le Sérapeum, une des merveilles du
monde payen, et fait briser à coups de haches le
grand, le redoutable Sérapis[3]. A Gaza, Porphyre
attaque le temple de Marnas. Les prêtres opposent
une vigoureuse défense. Ils enlèvent l'idole de
Marnas et la cachent dans les parties souterraines
et secrètes de l'édifice[4]. En Afrique comme en
Orient, des luttes sanglantes signalent la chute des

1. Euseb. Vita Constantini, liv. III, ch. LIV, LV et LVI.
2. Theodoret, Hist. eccl., liv. V, ch. 21.
3. Theodoret, Id., liv. V, ch. 22.
4. Acta Sanctorum. 26 feb. p. 652. § 41 et 42.—Vreschow,
Haumœ 1773. Temtamen descriptionis codicum veterum
aliquot Græcorum novi Fœderis manuscriptorum.

idoles. A Suffete, par exemple, le renversement
d'une statue dorée d'Hercule provoque une émeute
où soixante chrétiens perdent la vie[1]. « *Simulacra*
» *si qua etiamnunc in templis fanisque consistunt*
» *et quæ alicubi ritu vel acceperint vel accipiunt*
» *paganorum suis sedibus evellentur,* » dit Honorius en 408[2], et saint Augustin s'écrie : « Quant
» aux idoles et aux puissances de ce siècle, on les
» détruit, on les brise, on les brûle, on les
» cache[3], » et un passage du livre *de Promissio-*
nibus confirme les déclarations de saint Augustin[4].

La question se pose donc en ces termes. Au
commencement du cinquième siècle, quelle était
à Rome la situation des temples et des idoles? La
ruine du paganisme s'accomplit à Rome dans toute
l'horreur d'un morne silence. Gratien l'avait décrétée
en confisquant les biens des temples et en supprimant
l'entretien des pontifes et les dépenses des sacrifices. Les temples étaient fermés et non détruits.
Les idoles n'étaient plus honorées et la plupart
restaient debout. Si Rome avait été le témoin des
luttes qui firent tomber en mille morceaux le
Jupiter d'Apamée, le Sérapis d'Alexandrie et
l'Hercule de Suffete, l'histoire nous l'eût signalé.

1. Sancti August. Opera omnia. T. II, p. 116.
2. Cod. Theod. liv. XVI, tit. X, XIX.
3. Sancti August. Opera omnia, t. II, p. 67.
4. Incerte auctoris Liber De Promissionibus, Lib. III,
cap. 38, 5. Sancti Prosperi Aquitani Opera omnia. Parisiis,
1711, in-folio.

Si des chrétiens s'étaient livrés à un coup de vengeance religieuse, ils l'auraient poussé jusqu'aux
dernières extrémités et, au lieu de souiller, ils
auraient brisé pour jamais la statue du faux dieu.
Parlant du premier siége de Rome en 408, par Alaric,
Zozime dit : « Ces simulacres, consacrés par des céré-
» monies religieuses, avaient été ornés convenable-
» ment afin que le bonheur public fût assuré. Les rites
» étaient abolis. Ces statues restaient sans puis-
» sance. Il fallait que tout ce qui était propre à
» faciliter la ruine de Rome arrivât. On ne se
» contenta pas de ravir aux statues leurs orne-
» ments. On fit fondre celles qui étaient d'or ou
» d'argent[1]. » Il ne reste donc plus qu'à chercher et à trouver une situation qui puisse, dans
ces années où le paganisme se mourait de langueur
et d'inanition, se prêter à des explosions de
haine, et cette situation répond au pillage de Rome
par Alaric, en 410.

Il faut d'abord rappeler que les Goths étaient
ariens, qu'ils avaient renversé à Athènes l'autel
de Minerve et abattu les divinités de la Grèce.
Comment n'auraient-ils pas renouvelé à Rome, la
capitale du paganisme, leur œuvre de destruction?
Ne les vit-on pas, ces barbares tout à l'heure
enivrés de carnage, s'arrêter respectueusement
à la porte des basiliques chrétiennes où leurs
ennemis s'entassaient dans la folie du désespoir?

1. Zozime, IX. 6.

Si les Romains, en 408, osèrent, pour se racheter, porter la main sur les statues de dieux inutiles, comment les Goths, en 410, n'auraient-ils pas porté la hache sur des idoles précieuses et détestées? Ils aperçoivent une statue dorée d'Hercule. Ils la croient d'or pur. Ils l'abattent; et comme cette statue n'est que du bronze, ils la dédaignent et l'abandonnent! Renversée, mutilée, délaissée, dix personnes se trouvent aussitôt pour la recueillir et la cacher. La piété ou l'intérêt nous conserve l'Hercule Mastaï, et voilà son histoire refaite assez naturellement.

La prise et le pillage de Rome souleva dans l'orient et dans l'occident un long cri de douleur. Les payens se hâtèrent d'en rejeter sur les chrétiens la responsabilité et l'horreur. Aux imprécations des uns répondirent les lamentations des autres, mais ces lamentations étaient-elles bien sincères? Qu'on relise les premiers livres de la *Cité de Dieu* et l'on sentira que, dans la ruine de Rome, saint Augustin ne voit autre chose que le triomphe du Christ![1] Un nouveau magistrat avait permis aux payens de Carthage de redorer une statue d'Hercule. Les chrétiens indignés interrompent saint Augustin au milieu d'un sermon. Ils demandent qu'Hercule et les autres dieux ne soient plus honorés à Carthage puisqu'ils ne le sont plus à Rome. Saint Augustin répond à ses

1. S. Aug. Civ. Dei. Liv. I, ch. XXXIII.

auditeurs par des encouragements et constate que
Dieu a laissé s'accomplir à Rome la destruction de
l'idolâtrie[1]. C'est donc aux environs de 408 et de
410 qu'Honorius, par un édit, et Alaric, par le
pillage, portèrent au paganisme le coup mortel.
C'est au même moment qu'ils frappèrent l'idolâtrie dans cette Rome que le monde antique consi-
dérait comme son sanctuaire inviolable. C'est un
peu plus tard que les vœux des chrétiens d'Afrique
furent exaucés, puisque, dans un passage de la
Cité de Dieu, saint Augustin dit que Gaudentius et
Jovius, intendants des largesses de l'empereur
Honorius, ruinèrent à Carthage les temples des
faux dieux et brisèrent leurs idoles[2].

Telles sont les réflexions que m'ont suggérées
l'étude de l'Hercule Mastaï et l'examen approfondi
des conjectures auxquelles ce monument a donné
naissance. De César à Honorius l'histoire du culte
d'Hercule dans la Rome impériale ne fournit, ce
me semble, que deux situations où les circonstances mystérieuses et à jamais mystérieuses qui
entourent la découverte de notre statue puissent
trouver une explication raisonnable : je veux parler de la révolution qui suivit la mort de Com-

1. Tillemont. Mém. T. XIII, p. 320. — Sancti Aug. opera
omnia. Parisiis, MDCC. T. V, p. 132.
2. S. Aug. Civ. Dei. Liv. XVIII, ch. LIV.

mode et du sac de Rome par Alaric. Je préfère la première hypothèse, mais je ne dédaigne pas la seconde, et je laisse au temps, qui confond souvent les plus sincères efforts, le soin d'établir la vérité.

Æ

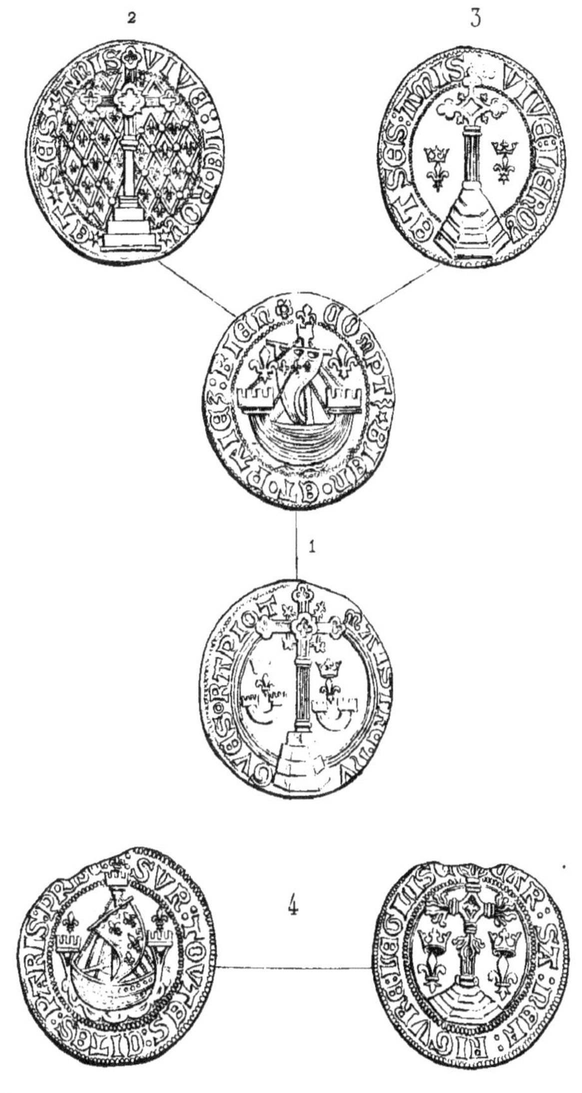

L. Dardel sc.

JETONS MUNICIPAUX DE LA VILLE DE PARIS *(XV.ᵉ Siècle)*

JETONS MUNICIPAUX

DE LA VILLE DE PARIS

AU XVᵉ SIÈCLE.

Par M. J. Rouyer, Associé correspondant.

Lu en séance les 18 Juillet et 7 Octobre 1868.

La suite des jetons municipaux de Paris ne commence à prendre une forme un peu complète que dans le XVIᵉ siècle.

Les jetons frappés pour l'usage du corps municipal, aux armes de la ville, mais sans nom et sans armoiries de personnages, ne sont connus en grand nombre qu'à partir du règne de François Iᵉʳ; ceux des époques antérieures sont demeurés fort rares.

Quant aux jetons frappés au nom des prévôts des marchands, celui d'Etienne de Nully, de 1583, a été longtemps considéré comme le plus ancien parvenu jusqu'à nous [1], bien que l'on dût d'ailleurs avoir l'espoir d'en rencontrer d'antérieurs, ne fût-ce que par la raison qu'on en avait retrouvé un de 1580 frappé au nom d'un premier échevin [2], et par conséquent d'un officier municipal d'un rang moins élevé que ne l'était le prévôt.

Une heureuse découverte faite récemment dans le sol même de Paris, permet aujourd'hui de faire remonter de plus d'un siècle la tête de la série des jetons frappés au nom des prévôts des marchands.

Il s'agit, en effet, d'un jeton qui ne peut être postérieur à 1434, puisqu'il porte le nom du prévôt Hugues Rapiout. En voici la description :

COMPTZ · BIEN · ET · PAIEZ · BIEN. Navire ' flottant, « *chastel devant et derrière,* » comme on disait jadis [3], à un seul mât et à la voile fleurdelisée, accosté de deux fleurs de lis. Ce sont les anciennes armes de Paris, telles qu'elles figurent

1. On connaît quelques jetons bien plus anciens portant le nom de personnages qui ont été prévôts des marchands, mais frappés à l'occasion de fonctions tout autres, et en dehors de tout caractère municipal, comme, par exemple, celui de Gaillart Spifame, général des finances, qui fut prévôt des marchands en 1528 et 1529. Ce n'est pas de jetons de ce genre que nous entendons parler ici.

2. Jeton de Jean Le Comte. (Collection de M. d'Affry de la Monnoye.)

3. *Grandes Chron. de Saint-Denis;* chap. 64 du règne de Charles V.

sur des sceaux de la ville du XIVe et du premier quart du XVe siècle[1].

R/. MAISTRE · HVGVES · RAPIOT. Croix ornée, haussée sur plusieurs degrés et accostée de deux petites nefs sans voile et sans mât, surmontées chacune d'une fleur de lis couronnée[2].

Cuivre jaune. Pl. 1, N° 1.

Dans la période de 1413 à 1436, époque de troubles pour la France, et particulièrement pour sa capitale, la succession chronologique des prévôts des marchands de Paris n'est qu'imparfaitement connue, et les auteurs ne sont même pas toujours bien d'accord sur le temps où ceux dont on sait le nom ont exercé leurs fonctions.

Dans les listes qui ont été publiées de ces ma-

1. Leroux de Lincy, *Histoire de l'hôtel de ville de Paris,* 1846, 1re partie, p. 148 et 149.

2. Ces deux petites nefs ne sont pas les armes de la ville de Paris à proprement parler, mais le motif en est tiré des dites armoiries, et elles étaient un symbole de la ville, comme la fleur de lis isolée a été si fréquemment un symbole du roi, sans cependant constituer ses armes à elle seule. Dans l'inventaire de l'artillerie de la ville en 1505 (Leroux de Lincy, 2e partie, p. 25), il est question d'une couleuvrine «*marquée à une nef.*» Du temps de François Ier, les officiers des sergents de ville « tant du nombre de la *Marchandise* que du *Parloir aux bourgeois,* » de service dans les cérémonies publiques, y paraissaient « vestuz de » leurs robbes my-parties de couleurs de ladicte ville, avec » leurs enseignes, *qui sont les navires d'argent.* » (*Histoire du théâtre français,* des frères Parfait, t. II, 1735, p. 379 et suiv.).

gistrats antérieurement à celle donnée par M. Leroux de Lincy[1], tels auteurs, comme Félibien et Lobineau[2], passent Hugues Rapiout sous silence; d'autres, comme Chasot de Nantigny[3], Hurtaut et Magny[4], MM. F. et L. Lazare[5], etc., font remonter sa prévôté à 1421 et le laissent sans successeur connu jusqu'en 1436. Il y a en cela plusieurs inexactitudes que M. Leroux de Lincy a fort judicieusement fait ressortir, en se fondant sur le témoignage d'un auteur contemporain[6], et qui doivent provenir de ce que le registre des élections municipales, d'après lequel les listes dont il s'agit ont été dressées, quand elles n'ont pas simplement été copiées les unes sur les autres, a été fort mal tenu pendant les dernières années du règne de Charles VI et pendant tout le temps de l'occupation de Paris par les Anglais. Il paraît, en définive, fort douteux que Hugues Rapiout ait été prévôt des marchands avant 1432. Voici, du reste, ce qu'on lit à son sujet dans le *Journal d'un bourgeois de Paris*[7] :

1. *Hist. de l'hôtel de ville,* 2ᵉ partie, p. 201 et suiv.

2. *Hist. de la ville de Paris,* 1725, à la fin du tome II.

3. *Tablette de Thémis,* 3ᵉ partie, p. 263.

4. *Dictionnaire historique de la ville de Paris,* t. IV, p. 149.

5. *Dictionn. administratif et historique des rues de Paris,* 1844, p. 296 et 297.

6. *Journal d'un bourgeois de Paris,* commençant en 1408 et finissant en 1449.

7. P. 150 et 158 de l'édition donnée par Lefevre de La

« Le vingt troisiesme jour de juillet (1432)
» fut mis hors de la prévosté des marchands
» Guillaume Sanguin; et y fut ordonné un sei-
» gneur du Parlement nommé maistre Hugues
» Rappiot; et un peu devant on avoit changé des
» eschevins deux. »

— « En ce mois de juillet (1434) fut desposé
» de la prévosté des marchands Maistre Hugues
» Rappiot, et changé deux échevins. »

Nous devons dire que nous ne savons pourquoi
M. Leroux de Lincy a écrit *Rappiou*, au lieu de
Rappiot, en reproduisant ce dernier passage. Les
diverses éditions que nous avons été en position
de consulter du *Journal* portent toutes *Rappiot*.
Nous n'attachons, au surplus, d'intérêt à cette
remarque que parce que le nom de notre prévôt
se termine de la même manière sur son jeton.
La forme la plus ordinaire de ce nom est d'ailleurs
celle que nous avons adoptée dans cette notice;
on trouve aussi parfois *Rapioult* et *Rapioust*.

Hugues Rapiout n'est pas du nombre des prévôts qui ont le plus particulièrement marqué dans
l'histoire de Paris; aussi n'avons-nous pu réunir
à son sujet qu'assez peu de renseignements.
M. Leroux de Lincy[1] le qualifie « Conseiller au
Parlement, » et, dans le *Journal d'un bourgeois*

Barre dans ses *Mémoires pour servir à l'hist. de France et
de Bourgogne*, Paris, 1729.

1. *Hist. de l'hôtel de ville,* 2ᵉ partie, p. 205.

de Paris, on le dit, comme nous l'avons vu, « *un seigneur du Parlement.* » Or, nous ne trouvons, dans Blanchard[1] ni ailleurs, aucun conseiller proprement dit qui ait porté le nom de Hugues Rapiout ; mais on sait qu'il y avait de ce nom, en 1423 et 1436[2], un maître des requêtes de l'Hôtel du Roi, frère ou fils, d'après ce que suppose Blanchard, de Jean Rapiout, nommé président au Parlement en 1418, par l'influence du duc de Bourgogne Jean sans Peur, qui était alors tout-puissant dans Paris[3] ; on sait aussi que les maîtres

1. *Les Présidens au Mortier du Parlement de l'aris. Ensemble un catalogue de tous les Conseillers selon l'ordre des temps et de leur réception.* Paris, 1647.

2. *Les Généalogies des Maistres des Requestes ordinaire de l'Hostel du Roy* (par F. Blanchard). Paris, 1670, p. 131. — *Histoire de la ville de Paris,* par Félibien et Lobineau, t. II, p. 822.

Chasot de Nantigny, dans ses *Tablettes de Thémis,* 1ʳᵉ partie, p. 137, fait déjà Hugues Rapiout maître des requêtes de l'hôtel en 1418, ce que l'on ne peut considérer que comme une erreur, en présence du témoignage si précis de Blanchard que nous reproduirons plus loin.

3. « Car le roy Charles estoit content de tout ce que le duc Jehan vouloit faire et n'y mettoit nul contredit. » (*Mém. de Pierre de Fenin*).

Les choses étaient bien changées depuis 1413. En cette année Jean Rapiout avait été exilé de Paris comme l'un des plus chauds partisans de ce même duc Jean sans Peur. Pendant le temps de son exil, il fut l'un des maîtres des requêtes de l'hôtel du Duc, à Dijon (cf. Félibien et Lobineau, t. II, p. 773 et 777; *Mém. pour servir à l'hist. de France et de Bourgogne,* 2ᵉ partie, p. 109 et 113).

des requêtes de l'Hôtel étaient réputés du corps du Parlement [1], où ils avaient séance au-dessus des conseillers ; Pasquier dit même : « devant tous les *autres* conseillers [2]. » Nous hésitons donc fort peu à reconnaître dans le maître des requêtes Hugues Rapiout, le prévôt des marchands de 1432 à 1434. On est en outre fondé à croire que Jean et Hugues Rapiout étaient des parisiens d'origine fort modeste [3], qu'une certaine aptitude, secondée par les événements, c'est-à-dire par les perturbations sociales qu'engendrèrent les discordes du règne de Charles VI, fit sortir des rangs du vulgaire [4]. Comme Jean Rapiout, Hugues dut sans doute aussi au duc de Bourgogne la première po-

1. *Tablettes de Thémis*, 1re partie, p. 122.

2. *Recherches de la France*, liv. 2, chap. 3; éd. de 1633, p. 54.

3. Hugues, au moins, devait être natif de Paris, puisque c'était une condition exigée pour pouvoir être prévôt des marchands.

4. Blanchard (*Présidens au Mortier*, etc., p. 51; *Généalogie des M. des requestes*, p. 131) n'a pu découvrir de quelle famille Jean et Hugues Rapiout descendaient, et il ne leur a pas connu d'armoiries.

Nous ne savons sur quoi Chevillard, dans son armorial des *Gouverneurs, Lieutenans de Roi, Prévôts des Marchands, etc., de la ville de Paris,* s'est fondé pour donner à Hugues Rapiout un écu losangé d'argent et de gueules. On verra plus loin, dans la suite des notes, que ces armoiries ne ressemblent en rien à celles que portait Charles Rapiout, conseiller en la chambre des aides en 1458, parent de Hugues et son héritier.

sition un peu élevée qu'on le vit occuper à Paris,
car ce n'est également qu'en 1418 que nous le
trouvons arrivé à cette position, bien qu'après
tout il ne soit pas absolument impossible qu'il
l'ait obtenue plus tôt. « Le premier emploi qu'il
eut, dit Blanchard[1], fut celui d'advocat du Roy
au Chastelet de Paris, comme j'ai appris par le
don que le Roy luy fit de deux cens livres tournois à prendre et recevoir par les mains de Jean
de Neufville, receveur de Paris, en considération
de ses bons et agréables services, et ce par lettres
données à Paris le quatorzième jour de septembre
1418. Ensuite de ce fut créé Président ès Requestes du Palais, au lieu de Robert Piédefer, le
quinzième juin 1422. Et pour lors il fut député
avec le premier Président de Morvilliers et Nicolas Fraillon, maistre des Requestes, pour aller
dans la ville de Mantes trouver le Duc de Betfort
pour affaires importantes au service du Roy d'Angleterre et de la ville de Paris. Quelque temps
après, il fut pourveu de l'office de Maistre des Requestes de l'Hostel, et en cette qualité il fut présent au Parlement le seizième juillet 1423[2]; et lors
il fut estably commissaire sur le faict des confis-
quations et forfaictures..... — La mesme année
(1423) il fut envoyé en ambassade avec Roland de
Dunkerque, chevalier, vers les Ducs de Savoye et

1. *Gén. des M. des requestes,* p. 131.
2. « Registres du Parlement. »

de Lorraine; et à son retour il composa avec les gens du Grand Conseil du Roy, des frais et despens par luy faits durant ce voyage, à la somme de deux cents livres tournois, dont il fut assigné sur le Thrésor par lettres de sa Majesté du douzième decembre 1424[1]. Mais depuis ayant acquis la terre de Livry, il compensa de ce qui lui estoit deub du reste de ce voyage pour le quint et requint qu'il devoit au Roy à cause de cette acquisition. »

Les confiscations dont parle Blanchard dans le passage que nous venons de rapporter étaient celles que faisait à Paris l'administration du roi d'Angleterre Henri V, puis de son successeur Henri VI, des biens des Français reconnus favorables ou soupçonnés d'attachement à la cause de Charles VII, tant alors qu'il n'était que dauphin que lorsqu'il fut devenu par la mort de son père le souverain légitime de la France. Les extraits que donne Sauval des comptes de ces confiscations[2] s'étendent de 1421 à 1434. Hugues Rapiout y est plusieurs fois nommé, soit comme commissaire, soit comme maître des requêtes de l'hôtel. La dernière mention que nous trouvions de lui nous vient de Félibien et Lobineau[3], et elle est

1. « Compte du changeur du Thrésor. »

2. *Histoire et Recherches des Antiquités de la ville de Paris*, t. III, preuves, p. 285, 298, 564, etc.

3. T. II, p. 822.

du 12 janvier 1436; à cette date il prit part,
avec sa qualité de maître des requêtes, à l'assemblée qui eut lieu au Palais, sous la direction de
Robert Piédefer, président au parlement, dans le
but de rechercher les moyens de maintenir plus
sûrement sous la domination anglaise la ville de
Paris, qui ne s'en rendit pas moins trois mois
après aux troupes de Charles VII.

Soit par intérêt, soit par conviction, Hugues
Rapiout avait été le partisan et l'homme des Anglais pendant tout le temps qu'ils occupèrent la
capitale; mais si Charles VII lui en tint rancune,
ce que nous ignorons, ce ne fut sans doute que
très-temporairement, comme il en fut pour le
président Robert Piédefer et bien d'autres magistrats qui s'étaient trouvés dans le même cas que
Hugues Rapiout. Nous voyons, du moins, un
membre de la famille de ce dernier, du prénom
de Charles, et seigneur de Livry, comme l'avait
été Hugues, continuer à exercer des fonctions
publiques, même dès le règne de Charles VII [1].

1. Charles Rapiout, seigneur de Livry, exerçait en 1458
les fonctions de conseiller du roi en la chambre des aides,
à Paris. Les armoiries gravées sur un sceau qu'on a de lui
sont ainsi décrites par M. Douët d'Arcq : « Écu au chevron
cantonné de trois croissants. » (*Inventaire de la Collection
des sceaux existant aux Archives de l'Empire*, t. II, p. 323).

Charles Rapiout, qu'on trouve aussi parfois qualifié « es-
cuyer, seigneur de Livri et Corberon » (Sauval, preuves,
p. 364), était ou le neveu de Hugues, ou dans tous les cas
son parent et son héritier, comme on le voit par l'extrait

Hugues Rapiout, nous l'avons déjà dit, a peu brillé dans l'histoire des prévôts des marchands. Comment se fait-il que ce soit précisément de lui que l'on retrouve le plus ancien jeton de la série de ces magistrats? Peut-on espérer de combler le vide énorme qui sépare ce jeton de ceux que l'on connaît d'autres prévôts? La frappe du jeton au nom de Hugues Rapiout n'a-t-elle pas été plutôt le résultat de quelque caprice passager? Avec le temps, le jour se fera sur ces questions, que nous ne chercherons pas prématurément à résoudre[1]. Un seul coin fut, du reste, spécialement

suivant des Comptes du Domaine de Paris, de l'année 1472, extrait duquel il résulte en outre que notre prévôt avait épousé une étrangère, et qu'il était décédé sans en avoir laissé d'enfants : « Me Jehan le Prevost, notaire et secré-
» taire du Roi, auquel le Roi, par ses lettres données à
» Tours le septième avril 1467 avant Pâques, a donné la
» moitié de la terre de Livri en Lanois, à lui appartenante
» par droit d'aubeine, à cause du décès de Collette du Val,
» femme de Me Hugues Rapioust, l'autre moitié apparte-
» nant à Me Charles Rapioust, comme héritier dudit feu
» Me Hugues Rapioust. » (Sauval, preuves, p. 404.)

1. Ce qu'il y a d'assez singulier, c'est qu'un fait presque identique se reproduit pour Dijon. Il existe un jeton, assez rare d'ailleurs, aux armes de cette ville entourées de la légende : I · DE · SAVLS · VICONTE · MAIE (ur). Or Jean de Saulx était vicomte mayeur de Dijon en 1431 (V. le Père Anselme, t. VII, p. 246), et il faut ensuite descendre assez avant dans le XVIe siècle pour retrouver d'autres jetons au nom ou aux armes des vicomtes mayeurs ses succes-seurs.

Amauton, qui a recherché et fait graver les jetons des

gravé pour le jeton dont il s'agit. Le coin aux armes de la ville a servi à frapper d'autres jetons municipaux pour le moins aussi anciens et dont on a découvert des exemplaires de deux émissions très-distinctes. C'est bien également, sur ces derniers, la croix haussée sur des degrés qui figure au revers; mais, au lieu d'un nom de personne, on lit autour de la croix cette devise essentiellement peu compromettante et qui, aux époques de troubles où ces jetons ont été faits, pouvait s'appliquer à tous les partis : VIVE LE ROY ET SES AMIS. Quant à la croix, elle se détache pour les exemplaires d'une émission (Pl. 1, N° 2) sur un fonds à compartiments en losanges, semé de fleurs de lis; pour les exemplaires de l'autre émission (Pl. 1, N° 3) la croix est simplement placée entre deux fleurs de lis couronnées.

Des trois jetons (en comptant celui de Hugues Rapiout) qui ont un côté commun, le premier en âge nous paraît être celui où la croix se dessine sur un fond losangé; les deux coins qui ont servi

vicomtes mayeurs de Dijon, n'a pas connu celui de Jean de Saulx. Nous possédons deux exemplaires de ce jeton, variés pour le revers. Nous avons décrit dans l'*Histoire du jeton* celui qui porte au revers, sans légende, une croix formée de quatre clefs. L'autre exemplaire porte une croix à triple nervure, fleurdelisée à ses extrémités et entourée de la légende : TARS — TARA — TARA — TARS, que nous ne nous chargeons pas d'expliquer.

à le frapper sont évidemment contemporains; les caractères des légendes sont identiquement les mêmes. Rien que nous sachions n'empêche encore que l'on puisse le faire remonter jusque vers la fin du règne de Charles VI, époque que nous lui avions assignée la première fois que nous l'avons publié[1]. Nous fondions notre opinion sur ce que le navire, emblême de la ville de Paris, y est représenté entre deux fleurs de lis, comme sur les sceaux du temps de Charles VI; tandis que sur le sceau dont la ville faisait usage en 1426, et sur ceux qui suivirent, le navire n'était plus accosté de deux fleurs de lis, mais bien surmonté d'un chef semé de fleurs de lis[2]. Le sceau en usage en 1426 ne laisse pas douter que les véritables armoiries de Paris ne fussent déjà alors ce que nous les trouvons en 1431, à l'entrée solennelle de Henri VI à Paris, c'est-à-dire : *de gueules au navire équipé d'argent, voguant sur des ondes de même, au chef semé de France*[3]. Et cependant on

---

1. *Revue numismatique*, année 1849, p. 455.

2. Voir la planche des sceaux de la ville de Paris, donnée dans l'*Hist. de l'hôtel de ville.*

3. M. J. Delpit (*Collection des Documents français qui se trouvent en Angleterre*) a publié (pièce CCCLXXXI) une relation contemporaine de l'entrée solennelle de Henri VI à Paris, le 2 décembre 1431. On parle plusieurs fois dans cette relation de personnes et de choses ornées des armes de la ville, « c'est assavoir: *de champ de guelles à chief de France et une nef d'argent en voille.* »

« Le dimanche, premier jour des advents, est-il dit

ne pourrait plus en inférer, même en dehors du jeton de Rapiout, à la fabrication duquel un ancien coin a pu être employé, que le type de la nef accostée de deux fleurs de lis n'a plus reparu comme emblème de la ville après 1426. Nous allons en effet revoir ce même type, mais sorti cette fois d'un autre coin, sur un jeton évidemment postérieur aux trois autres, et par conséquent à 1432-1434. Le voici :

SVR : TOVTES : CITES : PARIS : PRISE. Type du navire entre deux fleurs de lis; la voile,

d'autre part dans le *Journal d'un bourgeois de Paris*, et à propos de la même entrée, vint ledit roy à Paris, par la porte S. Denis, laquelle porte devers les champs avoit les armes de la ville; c'est assavoir ung escu si grant qu'il couvroit toutte la maçonnerie de la porte; *et estoit à moitié de rouge et le dessus d'azur semé de fleurs de lis, et ou travers de l'escu avoit une nef d'argent.* »

D'après l'auteur du Journal, la nef aurait été « grande comme trois hommes. » Elle aurait été montée par six hommes suivant Monstrelet, et par douze s'il faut en croire l'auteur de la relation publiée par M. Delpit. Nous ne chercherons pas à concilier ces divers témoignages. La question des dimensions de la nef importe fort peu, en définitive, à notre sujet.

Dans l'armorial du héraut Berry, composé vers 1450, les armes de Paris, autant que nous en pouvons juger d'après la description donnée par M. Vallet de Viriville, sont figurées par un écu *de gueules, au navire flottant d'argent, et au chef d'azur, a trois fleurs de lis d'or rangées en fasce.* (*Armorial de France*, etc., par Gilles le Bouvier, dit Berry. Paris, 1866, p. 61.)

au lieu d'être à gauche comme précédemment, est à droite.

R/. CAR : SA : NEF : FIGVRE : LEGLISE. Croix haussée et ornée, accostée de deux fleurs de lis couronnées (Pl. 1, N° 4).

Cette pièce peut être encore du règne de Charles VII, et nous ne la croyons pas, dans tous les cas, postérieure à celui de Louis XI. On remarquera, d'ailleurs, qu'elle porte déjà pour légende la devise que l'on retrouve ensuite si souvent, avec de légères variantes, sur les jetons de la ville de Paris jusqu'au temps de Henri II, et peut-être même plus tard encore.

Cette devise joue, à n'en pas douter, sur le nom de nef donné au navire qui figure dans les armes de Paris, et il semble que la France y est comparée à une vaste église dont Paris serait la nef, en termes d'architecture[1]; mais nous ne voyons vraiment pas ce que les magistrats parisiens ont pu y trouver d'assez beau pour la conserver tout un siècle sur leurs jetons.

Il nous reste à parler de la croix haussée, ou

---

1. Peut-être enfin faut-il entendre que, de même que la nef ou la barque de saint Pierre figure l'Église, la nef que Paris porte dans ses armes indique sa supériorité sur les autres cités; mais tout cela est fort hypothétique. On peut, au surplus, voir encore sur ce sujet ce qui est dit de la signification des armes de Paris dans le *Conseil salutaire aux Parisiens*, écrit de 1589, reproduit d'après les Mémoires de la ligue dans les preuves de la Satyre Ménippée. (V, tome III, p. 286 et 287 de l'édition de 1726.)

de calvaire, qui forme le type du revers sur les quatre jetons qui nous occupent.

La croix n'a pas ici le caractère de banalité qu'on lui connaît sur tant de monnaies et de jetons de la même époque; il est évident qu'elle est la représentation d'un monument.

Sans nous arrêter à en compter les degrés, non plus qu'à la circonstance que l'on n'y voit pas l'image du Christ, il ne nous paraît pas moins constant que c'est l'ancienne croix de la place de Grève. Cette croix, qui était en pierre, et qui, avec des détails plus finis que sur nos jetons, et plus exacts sans doute, figure dans une miniature du XVe siècle reproduite dans *l'Histoire de l'hôtel-de-ville*, se trouvait, quand celui-ci fut construit, en face de l'arcade Saint-Jean; elle fut plus tard remplacée par une croix de formes plus simples et plus légères, que l'on éleva contre le parapet de la partie du quai Pelletier donnant sur la place[1].

Sauval[2] et M. Leroux de Lincy[3] supposent que la croix de Grève, dont on ne connaît pas l'épo-

1. Le Roux de Lincy, 1re partie, p. 59; 2e partie, p. 360.

Le manuscrit dans lequel est la miniature représentant l'ancienne croix de Grève est un magnifique missel exécuté vers le milieu du XVe siècle pour Jaques Juvénal des Ursins, archevêque de Reims. On sait, au surplus, que ce prélat mourut en 1456.

2. T. II, p. 607.

3. 1re partie, p. 59.

que de l'érection, était destinée à recevoir les prières des condamnés à mort, dont l'exécution n'eut que trop souvent lieu sur cette place ; mais on peut se demander si elle n'était pas plutôt utilisée que destinée à un pareil usage.

Quoi qu'il en soit, la croix dont il s'agit était en quelque sorte une personnification de la place de Grève, et cette place, qui avait été concédée par Louis VII dès 1141 aux bourgeois du quartier[1], avait elle-même fini par être considérée comme une espèce de centre pour le pouvoir municipal, qui y réunissait le peuple, y faisait célébrer les réjouissances publiques et y avait, depuis 1357[2], une maison à laquelle l'hôtel-de-ville actuel doit son origine, et que l'on trouve déjà en 1358 appelée « la maison de la ville[3] ». Il ne nous paraît pas y avoir lieu de chercher ailleurs que dans ces considérations l'explication de la présence de la croix de Grève sur les anciens jetons municipaux de Paris.

Il est question de la croix de Grève dans plusieurs circonstances dignes d'être notées. C'est des degrés de cette croix qu'en 1358, peu de temps après le meurtre du prévôt des marchands Etienne Marcel, le duc de Normandie, régent du

1. Leroux de Lincy, 1re partie, p. 55, d'après Félibien et Lobineau.

2. Leroux de Lincy, 1re partie, p. 7.

3. *Les Grandes Chroniques de Saint-Denis,* publiées par Paulin Paris; in-8°, t. VI, p. 88.

royaume, harangua le peuple pour justifier l'emprisonnement de divers habitants de Paris qu'il avait fait arrêter comme traîtres et alliés du roi de Navarre Charles le Mauvais [1]. Ce fut encore sur les degrés de cette croix qu'en 1591 le fameux ligueur Bussi, voyant la foule amassée devant les cadavres du président Brisson et des conseillers Larcher et Tardif, massacrés par la faction des Seize, se mit pour haranguer « et soulever le peuple à sédition » [2].

Il est parlé de la croix de Grève dans le *Journal d'un bourgeois de Paris*, mais simplement pour indiquer par le nombre de degrés que les eaux avaient couverts, jusqu'à quelle hauteur elles atteignirent dans les inondations de 1427 [3]. Elles parvinrent un jour jusqu'au sixième degré, qui, du reste, n'était pas le dernier; M. Leroux de Lincy nous apprend qu'on arrivait à la croix par huit marches assez hautes [4]. Sauval, de son côté, cite la croix de Grève à propos d'inondations qui eurent lieu en 1428, 1438 et 1484 [5].

1. *Les Grandes Chroniques,* t. VI, p. 145.

2. *Lettres de Pasquier,* la 2⁰ du livre XVII.

3. P. 110 de l'édition citée. On voit, en outre, p. 203, année 1446, que la partie de la Grève où se trouvait la croix servait au dépôt de certaines marchandises, de celles, sans doute, qui arrivaient par la Seine. « *Et de vray,* dit l'auteur, en parlant de poires très communes cette année à Paris, *les tas en estoient ès halles..... comme je vy oncques de charbon à la Croix de Grève.* »

4. *Hist. de l'hôtel de ville,* p. 59. — 5. T. I, p. 203 et 205.

Sur un jeton de la ville de Paris de la fin du XVᵉ siècle, le calvaire de Grève est déjà remplacé, pour ne plus reparaître, par un dessin de fantaisie composé de tiges de rosiers et de lis de jardin entrelacées et formant une croix à branches égales. Les armoiries ont aussi un autre aspect ; elles consistent en un navire flottant, surmonté d'un chef à trois fleurs de lis rangées. Nous avons, avec M. Hucher, donné la description de cette pièce dans l'*Histoire du jeton au Moyen-âge*.

Nous possédons les quatre jetons représentés sur notre planche. Les nᵒˢ 2 et 3 existent également ment dans la collection de feu Affry de la Monnoye qui est aujourd'hui déposée au Musée de Cluny.

VALEUR DE QUELQUES MONNAIES

EN USAGE A MOISSAC

DANS LA SECONDE MOITIÉ DU XVᵉ SIÈCLE.

Par M. A. Lagrèze-Fossat, Associé correspondant.

Lu en séance les 7 octobre 1868 et 10 février 1869.

Sachant, par un réglement municipal de 1489, que, dans la seconde moitié du xvᵉ siècle, la taille était égale, à Moissac, au dixième du revenu imposable, je pris la résolution, il y a deux ans environ, de déterminer le chiffre de ce revenu, et, à cet effet, j'entrepris le dépouillement du cadastre de 1480 [1]. Trois mois furent consacrés à ce travail. J'atteignis le but que je poursuivais, mais, comme c'est arrivé à beaucoup d'autres avant moi, je trouvai beaucoup plus que je ne cherchais. A

---

1. Ce document est classé sous le nº 1, dans la série des cadastres de l'hôtel-de-ville de Moissac. Il forme un volume in-4º composé de 417 feuillets, et est écrit en patois.

part le chiffre que j'avais tant désiré, je recueillis une foule de faits dont je ne soupçonnais pas l'existence, ce qui m'engagea à faire, sur le cadastre de 1480, un mémoire qui sera publié dans le second volume de mes études historiques sur Moissac.

Parmi ces faits, il en est plusieurs que j'ai mis en œuvre pour évaluer, aussi rigoureusement que possible, les mesures agraires, les mesures de capacité pour les grains et les monnaies.

Ma communication d'aujourd'hui a les monnaies pour objet.

J'ai évalué toutes les monnaies dont il est question dans le cadastre de 1480 en monnaie tournois, par le motif que, dans ce cadastre, le revenu imposable de tous les articles est exprimé en livres, sous ou deniers tournois. Le procédé que j'ai suivi le plus souvent m'a été suggéré par celui qui servit de règle pour la détermination du revenu imposable parcellaire.

Les experts-allivrateurs, chargés de la rédaction du cadastre de 1480, avaient pour mandat de déduire du revenu imposable qui aurait dû être assigné à un article, s'il eût été libre de charges, le montant des charges qui le grevaient, que ces charges fussent des rentes en argent, des rentes en nature ou des parts de fruits à préle-ver [1] : par conséquent deux articles ayant la même

1. Ces distractions n'étaient préjudiciables au fisc que

superficie, offrant la même culture et situés dans
la même zone, figurent dans le cadastre pour le
même revenu imposable, s'ils ne sont grevés
d'aucune charge ; leur revenu imposable est, au
contraire différent, si sur l'un d'eux pèse une
charge quelconque, et la différence est égale à la
valeur de cette charge. Ainsi, en comparant le
revenu imposable de deux vignes, d'une quarterée chacune et situées dans la même zone, à
Fonréal, par exemple, l'une libre de charges et
l'autre grevée d'une rente en argent de 4 sous 6
deniers tournois, on trouve que le revenu imposable de la première est de 32 sous tournois,
conformément aux bases arrêtées d'avance par
les experts-allivrateurs, tandis que le revenu imposable de la seconde est seulement de 27 sous 6
deniers tournois.

Toutes les fois que les experts avaient à faire
subir une réduction au revenu imposable d'un
article, rien ne leur était plus facile s'il s'agissait
d'une rente dont le paiement était stipulé en
monnaie tournois : une seule opération suffisait.
Il en fallait deux, au contraire, s'il était question
d'une rente en nature, d'une part de fruits à pré-

lorsque les rentes ou les parts de fruits à prélever appartenaient à des privilégiés, à l'abbé, aux officiers claustraux,
aux recteurs des églises, etc., etc. : en effet, dans le cas
contraire, les rentes et les parts de fruits figuraient pour
toute leur valeur dans les états cadastraux des imposables
auxquels elles appartenaient.

lever ou d'une rente en argent dont le paiement n'était pas stipulé en monnaie tournois. Dans les trois derniers cas, les experts devaient évaluer d'abord en monnaie tournois les rentes ou les parts de fruits à prélever, et distraire ensuite la valeur trouvée du revenu imposable qu'ils auraient assigné aux parcelles grevées, si elles eussent été libres de charges.

Bien qu'elles ne soient pas constatées d'une manière expresse dans le cadastre de 1480, ces deux opérations y sont pour ainsi dire consignées à chaque page, tant le nombre des parcelles grevées y est considérable. C'est ainsi que nous avons été amené à adopter le procédé que nous avons suivi pour déterminer la valeur de la plupart des monnaies mentionnées dans ce cadastre.

Ces monnaies sont :

> La double,
> L'écu,
> Le blanc,
> Le florin d'or,
> Le franc d'or,
> Le mouton.

§ 1. — *De la valeur de la double.*

Synonymie. — Dobla, Double, Sou caorsin, *Nob.* — Grand blanc, *Anat. de Barthélemy.*

Nous avons démontré dans une note adressée,

en 1864, au Comité des travaux historiques, et qui .
a été l'objet d'un rapport de M. Anatole de Barthélemy[1], que dans la seconde moitié du XVᵉ siècle
la double valait dix deniers tournois et que le sou
caorsin avait la même valeur : nous pourrions par
conséquent nous dispenser d'apporter d'autres
preuves à l'appui de cette démonstration. Nous
croyons cependant qu'il ne sera pas inutile d'en
donner une nouvelle, ne serait-ce que pour faire
apprécier le procédé que nous avons suivi pour
nos évaluations.

L'article 32 des possessions de Jean Ricard et
de ses frères est ainsi conçu[2] :

« Item plus IIII dinadas[3] de vinha que son al
» territori de la crotz de la fenna[4] confrontan an

---

1. *Revue des Soc. sav.*; série IV, V. I, p. 84.

2. Cadastre de 1480, fᵒ 235 r.

3. Dans le XVᵉ siècle, la dinade servait à Moissac pour exprimer la contenance des vignes et des noiseraies. Elle valait la moitié d'une quarterée, soit 0 h 39, 35, et se composait de deux quartonats ou de deux mealhades.

4. Ce terroir est situé au nord et à moins d'un kilomètre
de Moissac, sur le côteau Saint-Michel. Il était désigné sous
le même nom avant le XIIIᵉ siècle. Au centre de ce terroir
se trouve, formé par la bifurcation du chemin qui y conduit, un carrefour appelé *la croix de la femme*. On voit en
tout temps dans ce carrefour une grande croix taillée au
milieu du gazon, le grand axe dirigé du côté de la ville.
Cette croix est refaite tous les ans, à l'époque où l'on bêche
les vignes, par les ouvriers qui travaillent dans le voisinage.
Ces ouvriers ignorent la signification de cette croix, et ré-
pondent simplement lorsqu'on les interroge sur ce qu'ils

» lo cami public e per lo costat an la vinha dels
» hereties de Borguet, e per lo fons an la vinha
» de Ramon del Sosed, cami en megs. —
» Alliv. III l. IIII s. t.

Cet article étant libre de charges, son revenu imposable est très-exactement celui qui devait lui être assigné, d'après les bases arrêtées d'avance par les experts-allivrateurs, soit 16 s. t. par dinade.

D'un autre côté, l'article 6 des possessions de Pierre Garde, serrurier, est libellé de la manière suivante[1] :

« Item plus II dinadas de vinha que son al terri-
» tori apellat a la crotz de la fenna, confrontan an
» lodig cami de la crotz de la fenna e per hun
» costat an la vinha de Antoni Peyre Lemart, e
» fa de renda a mossen Johan Drulhe IIII doblas.
» — Alliv. I l. VIII s. VIII d. t.

Cette dernière parcelle, en nature de vigne, comme la précédente et située au même terroir, aurait dû figurer au cadastre pour un revenu imposable de 32 sous tournois, soit de 16 s. t. par dinade ; mais, comme elle était grevée d'une

font, « *c'est l'usage.* »

Un grand crime aurait-il été commis dans le moyen-âge sur ce carrefour? Y aurait-on érigé alors une croix d'expiation? Et cette croix ayant disparu, le peuple aurait-il eu recours au moyen qu'il emploie encore aujourd'hui pour en perpétuer le souvenir? Ce sont là des questions sur lesquelles la tradition et nos archives sont muettes.

1. Cadastre de 1480, 227 v.

rente de 4 doubles, les experts, durent distraire de 32 sous tournois la valeur de ces 4 doubles. La différence étant I l. VIII s. VIII d. t., il est de toute évidence que 4 doubles valaient 40 deniers tournois, puisque ces 40 deniers ajoutés à I l. VIII s. VIII d. t. égalent 32 sous tournois.

Une double valait donc 10 deniers tournois en 1480.

§ 2. — *De la valeur de l'écu.*

Synonymie. — △ daur, Scut, Escut, *Nob.* — Écu à la couronne, *Anat. de Barthélemy.*

Dans une communication antérieure à celle que nous venons de rappeler, communication qui a été pareillement l'objet d'un rapport de M. Anatole de Barthélemy au Comité des travaux historiques[1], nous avons prouvé que, dans le xve siècle, l'écu était fréquemment représenté à Moissac, dans les titres municipaux par un triangle (△), et qu'il valait alors 27 sous 6 deniers tournois. Le cadastre de 1480 renferme un bon nombre de faits qui confirment l'exactitude de cette évaluation. Nous nous bornons à citer l'article 6 des possessions de Jean Leygue et Redon jeune, où il est constaté que le dit article servait à Jean de Lion une rente en nature d'une quartière de fro-

______
1. *Revue des Soc. sav.*; série III, V. II, p. 137.

ment [1], et deux rentes en argent consistant, l'une en 2 sous 6 deniers tournois, l'autre en huit doubles deux deniers et une maille tournois, pour la quatrième partie d'un porc d'un écu — « *e per* » *la carta part dun porc dun scut, VIII doblas II d.* » *I m. t.* [2] ».

Huit doubles, 2 deniers et une maille tournois étant le quart d'un écu, ce nombre multiplié par quatre doit donner la valeur d'un écu : or, VIII doubles II deniers et I maille tournois $\times$ 4 = 33 doubles ou 330 deniers, soit 27 sous 6 deniers tournois.

L'écu valait donc en 1480 1 l. 7 s. 6 d. t.

§ 3. — *De la valeur du blanc.*

Synonymie. — Blanca, Blanc, Petit-Blanc, *Nob.*

La valeur de cette monnaie nous est donnée par la comparaison de l'article 7 des possessions d'Antoine Bassia [3], à l'article 7 des possessions du sieur d'Oblidanes [4], l'un et l'autre en nature de vigne et situés dans la même zone.

---

1. La quartière, mesure de capacité pour les grains, en usage à Moissac dans le xv⁰ siècle et avant, se composait de quatre quartons, et valait 1 h. 36. Le sac se composait de trois quartons et valait 1 h. 02.

2. Cad. de 1480, f⁰ 258 v.

3. Cadastre de 1480, f⁰ 152 r.

4.   Id.   id.

Article 7 d'Antoine Bassia.

« Item plus una dinada de vinha que es al ter-
» ritori dels Esperounels, confrontan an lo cami
» public e an la vinha de Heliot Abesque e an la
» vinha de Johan de Delquiers, e fa de renda a
» mossen Johan Faure XIIII d. t.
— Alliv.   XIIII s. X d. t. »
Article 7 du sieur d'Oblidanes.

« Item plus III mealhadas de vinha que son als
» Esperounels, confrontan an la vinha de mossen
» Bartholomeo Saysel e an la terra dels hereties
» de Peyre Demons, e fa de renda a Johan del
» Leo IX blancas. — Alliv.   I l. 0 s. III d. t. »
En ajoutant à l'allivrement de l'article d'Antoine Bassia, soit à 14 s. 10 d. t. la rente de 14
deniers tournois dont le dit article était grevé, on
trouve que, sans la dite rente, l'allivrement eût
été de 16 s. t.

L'article 7 du sieur d'Oblidanes étant situé dans
la même zone, son allivrement aurait dû être
établi d'après la même base, soit à raison de
16 s. t. par dinade. Or, trois mealhades représentant la même superficie qu'une dinade et demie,
le dit allivrement eût été fixé à I l. IIII s. t., si les
experts n'en avaient pas distrait la valeur de la
rente de IX blancs : donc, le revenu imposable
assigné à l'article 7 du sieur d'Oblidanes, soit I l.
0 s. III d. t. plus IX blancs doit égaler I l. IIII s. t.,
ce qui revient à dire que la différence entre I l.
IIII s. t. et I l. 0 s. III d. t. est égale à la valeur

de IX blancs. Cette différence étant de 3 s. 9 d. t.,
9 blancs valaient par conséquent 45 deniers
tournois.

Le blanc valait donc à Moissac, en 1480, 5 deniers tournois.

Toutes les fois qu'il est question de *blancs* dans
le cadastre de 1480, il s'agit donc de la monnaie
qui avait cours, au XV⁰ siècle, sous le nom de petit-blanc, monnaie dont la valeur était égale, à
Moissac et dans tout le Quercy, à la moitié de la
double ou du sou caorsin, et partout ailleurs à la
moitié du grand-blanc.

§ 4. — *De la valeur du florin d'or.*

Synonymie. — Flori daur, Florin d'or, *Nob.*

Les rentes en florins d'or étant toutes constituées sur des maisons que nous ne pouvions comparer entre elles faute de base, nous avons admis
pour la valeur de cette monnaie une indication que
nous avons trouvée dans une reconnaissance consentie, le 9 mars 1497, en faveur du pitancier de
l'abbaye[1]; or, il résulte de ce titre que, à la date
précitée, une tuilerie sise au terroir del Pez, près

1. Arch. de l'hôtel-de-ville de Moissac, Andur. n° 2708.

Le répertoire d'Andurandy renferme une analyse détaillée
et très-exacte de toutes les pièces volantes des archives de
l'abbaye de Moissac antérieures à 1730. Il se compose de
767 feuillets, et renferme 7547 articles.

de la ville, fut reconnue au dit pitancier, sous une rénte annuelle de 5 sous tournois et d'un millier de briques grosses, bonnes et suffisantes, au choix, ou, à défaut des dites briques, de deux florins d'or valant chacun 25 sous tournois.

Le florin d'or valait donc à Moissac, dans la seconde moitié du xv⁰ siècle, 25 sous tournois.

§ 5. *De la valeur du franc d'or.*

Synonymie. — *Franc daur*, Franc d'or, *Nob.*

Les articles 3 et 5 des possessions du sieur Arnaud de Montretz, l'un et l'autre en nature de vigne et situés dans la même zone, nous donnent la valeur du franc d'or en 1480. Voici ces articles :

« *Art.* 3. — Item plus IX dinadas de vinha que
» son a Malhabuo, confrontan an la vinha de
» deldig Montretz e de autra part an tres camis,
» e son francas. — Alliv.   VII l. XII s. t. »

« Art. 5. — Item plus VI dinadas de vinha que
» son a Malhabuo, confrontan an la vinha de Arnaut Montretz e an la vinha de mossen Deprat
» e an lo cami de Malhabuo, e fan de renda a
» Johan del Leo ung franc daur.
— Alliv.   III l. XI s. X d. t. »

L'article 3 prouvant que le revenu imposable des vignes, au terroir de Malhabuo, était de 16 s. t. par dinade, il est évident que l'article 5, s'il eût été libre de toute charge, eût été inscrit au cadastre pour un revenu imposable égal à 16 s. t. × 6, soit à 4 l. 16 s. t. La différence entre 4 l. 16 s. t. et 3 l. 11 s. 10 d. t. représente donc la valeur d'un franc d'or.

Le franc d'or valait donc à Moissac, en 1480, 1 l. 4 s. 2 d. t.

D'après une vente consentie par le pitancier de l'abbaye de Moissac, le 27 février 1416[1], le franc d'or ne valait alors qu'une livre tournois. Au contraire, suivant divers titres compris entre les années 1485 et 1500 et mentionnés dans le répertoire précité, cette monnaie valait durant cette période 1 l. 4 s. 6 d. t., soit 4 deniers de plus qu'en 1480 : on lit, en effet, dans une reconnaissance d'une pension de 4 francs d'or, en faveur de l'infirmier de l'abbaye, du 7 novembre 1488[2] que chaque franc d'or valait 29 doubles et 4 deniers, soit 24 s. 6 d. t., et, dans une autre reconnaissance faite par le prieur de Bredon, en faveur du chantre de Moissac, d'une pension de 6 francs d'or, le 6 novembre 1499[3], que chaque franc d'or valait 29 doubles et 4 deniers tournois, et chaque double 10 deniers tournois.

Dans le xv⁰ siècle, la valeur du franc d'or s'éleva donc successivement de 20 s. t. à 24 s. 6 d. t.

1. Andur. n° 2402.
2. Id.   n° 4286.
3. Id.   n° 7277.

§ 6. — *De la valeur du mouton.*

Synonymie. — Moto, Mouton d'or de Cahors, *Nob.*

On lit dans l'article 5 des possessions de Dominique Denogus, boucher, que le dit article, cultivé en prairie, servait une rente de 2 moutons à un moine de l'abbaye de Moissac. La nature de cette parcelle et la profession de celui qui la possédait nous avaient fait penser d'abord que la charge qui la grevait n'était point une rente en argent. La découverte, dans le répertoire d'Andurandy d'un titre que nous citerons bientôt, a modifié notre opinion : nous croyons donc aujourd'hui que la rente due par Dominique Denogus consistait en 2 moutons de Cahors, monnaie d'or qui avait cours dans le Quercy, à l'époque qui nous occupe.

La comparaison de l'article précité de Dominique Denogus à l'article 8 des possessions de Jean de Huc va nous donner la valeur de cette monnaie,

Art. 5 de Dominique Denogus, boucher[1].

« Item plus III jornals[2] de prat que son en lo
» territori del Luc que confronton de una part an
» lo rio del Vertac en an lo prat de Johan Valada

1. Cadastre de 1480, f° 32 v.

2. Le journal n'était usité à Moissac, dans le xv° siècle, que pour exprimer la contenance des prairies naturelles. Il était égal à la dinade, et se composait par conséquent, comme la dinade, de 2 quartonats ou de 2 mealhades.

» e fan de renda a Sanc-Alari monge II motos. —
» Alliv.   XVIII s. t. »

Art. 8 de Jean de Huc[1].

« Item plus I jornal de prat que es al Luc, que
» es confron an lo prat de Peyre Jocglar e de lau-
» tra part an lo prat de Peyre d'Espiamon, es
» franc. — Alliv.   XVI s. t. »

Ce dernier article prouve que le revenu imposable assigné aux prairies libres de toute charge,
au terroir du Luc, était de 16 s. t. par journal, et
que, dès lors l'article 5 de Dominique Denogus
eût été allivré 2 l. 8 s. t., s'il n'eût pas été grevé
d'une rente de 2 moutons : la différence entre l'allivrement qui lui fut appliqué, soit 18 s. t., et
2 l. 8 s. t. est donc égale à la valeur de 2 moutons. Or, cette différence étant de 30 s. t., nous
pouvons affirmer, sans crainte de nous tromper,
que le mouton valait 15 s. t. en 1480.

Cette évaluation est conforme à celle qui résulte
d'une sommation faite, vers 1480[2], par le pitancier de l'abbaye de Moissac à un sieur Pierre
Sogre, de lui payer 15 sous tournois pour une
rente annuelle d'un mouton d'or de Cahors.

Conclusions.

Le cadastre du taillable de Moissac, de 1480, et

1. Cadastre de 1480, f° 21 v.
2. Andurandy, n° 4754.

le répertoire des archives de l'abbaye de cette
ville, par Andurandy, prouvent donc que, dans la
seconde moitié du XVe siècle,

La double valait, à Moissac, 0 l. 0 s. 10 d. t.
L'écu   1,   7,   6.
- Le blanc   0,   0,   5.
Le florin d'or   1,   5,   0.
Le franc d'or   1.   4,   2.
Le mouton de Cahors   0, 15,   0.

Le grain d'or ne pouvant être considéré comme
une monnaie, nous ne l'avons pas compris dans
nos évaluations. Une seule rente consistant en
grains d'or est mentionnée dans le cadastre de
1480. Elle était de 12 grains et servie au pitancier de l'abbaye par le propriétaire d'une maison
située dans la rue Malaveille[1].

Le marc de la matière d'or servant à la confec-
tion des monnaies royales valant 118 l. 10 s. t.
en 1475 et 118 l. t. en 1486, soit, probablement,
118 l. 5 s. t. en 1480, un grain d'or valait alors
en monnaie tournois 6 deniers tournois et 3
dixièmes de maille. Une rente de 12 grains d'or
était donc égale à 6 s. 1 d. 1 m. tournois et 6 dixièmes de maille.

---

1. Cadastre de 1480, f° 145 r.

PEUPLE ALLOBRIGE

DIFFÉRENT DES ALLOBROGES.

Par M. J. QUICHERAT, Membre titulaire.

Lu en séance les 10 Mars et 14 Avril 1869.

Parmi les dissertations sans nombre que fit éclore y a quelques années la question d'Alesia, il y en eut une qui plaçait cette ville en Savoie[1]. On eut lieu d'être surpris, car la Savoie était habitée par les Allobroges, et les Allobroges ont été regardés jusqu'ici comme les sujets fidèles des Romains pendant la guerre des Gaules. Aussi l'auteur de l'opinion nouvelle s'efforça-t-il d'établir que les Allobroges avaient fait défection, et l'une de ses preuves a été que ce peuple, au témoignage d'Appien, fut vaincu par César.

On lit en effet quelque chose comme cela, si

---

1. L'Alesia de César près de Novalaise en Savoie, par Théodore Fivel. — In-8°, Chambéry, 1866.

non dans Appien même, au moins dans le Sommaire qu'un abréviateur nous a laissé d'une partie de l'un des livres d'Appien [1]. Ce morceau est du domaine public depuis plus de trois siècles, et aucun historien n'a eu la tentation d'en tirer la preuve que les Allobroges eussent secondé les efforts de Vercingétorix. Pourquoi? Parce qu'il y a toutes sortes de motifs pour n'en pas faire cet usage. On a donc eu raison de s'abstenir. Néanmoins le fait tel qu'il est ne laisse pas que d'être singulier, et l'on a eu tort de ne pas chercher à l'expliquer. C'est une omission de la critique, que je vais essayer de réparer.

Le témoignage de l'abréviateur d'Appien est que César vainquit les *Allobriges :* Ἐχράτησε δὲ χαὶ Ἀλλοβρίγων ὁ Καῖσαρ. Comme les Grecs ont toujours appelé Allobriges ceux que les Romains appelaient Allobroges, il est tout simple que nos traductions latines d'Appien portent : *Vicit* ou *superavit etiam Cæsar Allobroges.* Les littérateurs qui ont ainsi rendu sont très-excusables; mais pour que cette version fût acceptée par l'histoire, il faudrait trouver la place de la guerre où les Allobroges éprouvèrent la supériorité des armes de César. Or cela est tout bonnement impossible, puisque d'un bout à l'autre des Commentaires sur la guerre des Gaules, on voit les Allobroges

---

1. Classé sous le n. 4, parmi les restes du livre IV des Histoires romaines.

seconder les Romains ou recevoir d'eux du secours. Si dans un endroit César fait allusion à une
défaite qu'ils avaient essuyée depuis assez peu
de temps pour que Vercingétorix pût espérer
que le ressentiment n'en serait pas encore effacé[1],
cela s'explique par la guerre, antérieure de deux
années seulement au proconsulat de César, dans
laquelle C. Pomptinus écrasa les Allobroges, mis
en goût de révolte par la conspiration de Cati-
lina.

A la vérité on cite trois inscriptions commé-
moratives d'un triomphe de César sur ce peuple.

La première, imprimée dans une histoire récente de la ville d'Asti[2], ne supporte pas l'examen, tant elle est grossièrement forgée. La voici :

C.IVLIO CAESARI.C.F.
DE GALLIS ET ALLOBROGIBVS
TRIVMPHATORI
HAST. PATRONO
PIO . INVICTO . DIVO
HAST . CIV.
LÆTITIÆ ET GRATI ANIMI ERGO
P. L. D. D. D.

Les deux autres existent à Turin et à Nîmes,

1. *De bello Gallico,* l. VII, c. 64.
2. Serafino Grassi, *Storia della città d'Asti.* 1817.

avec un air de famille frappant, malgré la distance des lieux [1] :

<table>
<tr><td>C. IVL. CAESAR. C. F.</td><td>C. IVL. CAESAR</td></tr>
<tr><td>DE GALLEIS</td><td>DE GALLIS ET</td></tr>
<tr><td>ET ALLOBROG...</td><td>ALLOBROGIBVS</td></tr>
<tr><td>... PHAVIT</td><td>ET ARECOMICIS</td></tr>
<tr><td></td><td>TRIVMPHAVIT.</td></tr>
</table>

Elles ne sont pas jugées meilleures que celle
d'Asti par les érudits en la matière. M. Léon
Renier, dont j'ai eu soin de prendre l'avis, y voit
un amusement de quelque savant de la Renais-
sance. Bref toutes les trois sont fausses aux yeux
de l'épigraphie; et elles le sont aussi aux yeux
de l'histoire, car il est constant, d'après le témoignage unanime des auteurs grecs et latins, y compris Appien, que pour les nombreuses victoires
qu'il avait remportées sur les peuples de race
celtique et germanique, César se contenta d'un
seul et unique triomphe dont le titre fut *Gallicus*
ou *de Gallis* [2]. Probablement l'abréviateur du récit
d'Appien sur la guerre des Gaules a suggéré ces
méchantes inscriptions, qui, à leur tour, sont deve-
nues pour l'auteur de l'Alesia savoisienne des

1. Publiées dans Gruter, I, 225, et dans D. Vaissète, *Histoire générale du Languedoc*, t. I, pr. inscr. p. 6.

2. Appien, *De bellis civilibus*, II, 101 ; Dion Cassius, XLIII,
19 ; Tite-Live, *Epitome l.* 115 ; Velleius Paterculus, II, 56 ;
Suétone, *C. J. Cœsar*, 37 ; Florus, IV, 3.

arguments en faveur de l'interprétation qu'il donnait de l'abréviateur. Voilà ce qui arrive lorsqu'on édifie un système sur une phrase saisie au vol dans un texte, sans faire attention à ce qui précède et à ce qui suit.

Le fait est qu'on n'a qu'à remettre à sa place la phrase en question pour voir combien peu il est probable que les Allobroges y soient nommés. Le morceau dans lequel elle se trouve nous représente la charpente d'un récit où Appien avait groupé méthodiquement les campagnes de César dans le nord de la Gaule. Les événements consignés sont ceux-ci :

Défaite des Belges sur les bords de l'Aisne. — Bataille contre les Nerviens. — Victoire sur les *Allobriges*. — Expédition contre les Usipètes et les Tenchtères. — Châtiment infligé aux Sicambres qui avaient mis en fuite la cavalerie romaine.

Ce sont les faits racontés par César lui-même dans le deuxième et dans le quatrième livre de ses Commentaires, sauf qu'il ne parle pas des Allobriges; mais par contre, il mentionne une victoire sur les Atuatuques dont l'abréviateur d'Appien ne dit mot : de sorte qu'on a le droit de se demander si, dans le texte de ce dernier, il ne faudrait pas lire Ἀτουατούκων au lieu de Ἀλλοβρίγων. Cette correction semblerait d'autant plus naturelle que l'abréviateur consigne, en la rapportant faussement aux Nerviens, une circonstance énoncée par César à propos des Atuatuques, à savoir qu'ils étaient de la race des Cimbres et des Teutons[1]. Une preuve si manifeste du peu de soin avec lequel a été fait l'abrégé autoriserait à coup sûr la supposition que le nom propre a été estropié, et je m'arrêterais à cette conjecture, s'il n'y avait pas d'autres textes qui plaident pour le maintien de Ἀλλοβρίγων.

D'abord dans le discours que Dion Cassius prête à César au moment d'en venir aux mains avec Arioviste, le chef germain est traité d'Allobrige. « Quoi, dit César, quand un proconsul romain mande quelqu'un auprès de lui, ce quelqu'un refuse de venir! C'est lui, au contraire, le proconsul qui est mandé! Et par qui? par un Allobrige[2]! » Les commentateurs n'imaginant pas que *Allobrix*, comme il y a dans le grec, pût signifier autre chose qu'un Allobroge, n'ont su que dire de ce passage. Turnèbe, et en dernier lieu Sturtz, ont approuvé une correction de Xylander, qui consiste à mettre ἀλλότριος à la place de Ἀλλόβριξ[3]. Mais la leçon est la même partout, et pour que la phrase ait sa force, il faut ou une injure, qui serait déplacée dans la bouche de César, ou un nom de nationalité barbare. C'est ce qui fait que M. Gros,

1. *De bello Gallico*, l. II, c. 29,

2. « Μεταπέμπεταί τινα ὁ ἀνθύπατος ὁ Ῥωμαίων, καὶ ἐκεῖνος οὐκ ἔρχεται· μεταπέμπεταί τις τὸν ἀνθύπατον τῶν Ῥωμαίων Ἀλλόβριξ ὤν. » Lib. XXXVIII, c. 43.

3. Édition de Leipzig, 1834.

notre traducteur de Dion Cassius, s'est tenu à la leçon des manuscrits, en supposant toutefois que son auteur, dans la rapidité de la rédaction, avait pu se tromper de terme [1].

Ainsi on en a été réduit jusqu'à présent à accuser d'erreur soit l'écrivain, soit les copistes, et cela faute d'avoir rapproché le nom fourni par le texte de Dion Cassius de celui que donne l'abréviateur d'Appien. Il n'y a qu'à les mettre en présence pour voir qu'ils se justifient l'un l'autre. Éclairée par ce double témoignage la critique n'a qu'une chose à faire : conclure qu'il exista un peuple germanique, d'où Arioviste tirait son origine, dont le nom, sous la plume des Grecs, prit la même forme que celui qu'ils attribuaient aux anciens habitants de la Savoie et du Dauphiné. L'usage des Grecs a occasionné une équivoque qu'on évitera désormais en reconnaissant des Allobriges et des Allobroges.

Ce n'est pas tout. Un second témoignage d'Appien, plus explicite que le premier, non seulement confirme l'existence des Allobriges, mais nous instruit de leur position. Je veux parler d'une citation qui se trouve égarée dans l'article Ἴομεν du lexique de Suidas, pour lequel elle ne fournit pas d'exemple. Le nom d'Appien, comme source de la citation, manque dans l'ancienne édition de Suidas ; il a été introduit dans celle de Bernhardy [2],

----

1. Histoire romaine de Dion Cassius, t. III, p. 442.
2. Brunswick, 1853. Tome Ier, col. 866.

d'après l'autorité des manuscrits de Paris : c'est ce qui fait qu'on chercherait vainement ce passage dans l'Appien de Schweighæuser et dans celui de la Collection Didot. Le voici :

« Appien. Allobriges, peuple de la Gaule. Leurs villes étaient difficiles à attaquer, parce que chaque jour, selon la marée, elles étaient continent ou îles. Quant à eux, ils combattaient sur des navires. L'empereur Caligula fit enfoncer autour de ces villes des poteaux élevés par dessus lesquels on fixa des tabliers. La vague passant à travers les poteaux sans atteindre les tabliers, les Romains firent leur affaire sans peine et sans interruption [1]. »

Quelques-uns de nos chercheurs d'antiquités lacustres appliquant aux Allobroges ce fait, dont ils eurent connaissance par le Recueil de dom Bouquet [2], se sont trouvés bien empêchés par la mention du flux et du reflux. Cela néanmoins ne leur a point ouvert les yeux. Ils ont planté les villes en question dans les lacs de Genève, du Bourget et d'Annecy [3]. Ils ont commis une autre

---

1. « Ἀππιανός. Ἀλλόβριγες Γαλατῶν ἔθνος. Δύσμαχοι δ'αὐτῶν ἦσαν αἱ πόλεις, ἀπό τε ἀμπώτεως ἐφ' ἡμέραν ἠπειρούμεναί τε καὶ νησούμεναι. Οἱ δὲ πλοίοις ἐπολέμουν. Τοῦ δὲ Καίσαρος Γαΐου περὶ τὰς πόλεις σταυροὺς πηξαμένου ὑψηλοὺς καὶ τοῖς σταυροῖς ἐπιθέντος γεφυρώματα, ὁ μὲν κλύδων ἐχώρει διὰ τῶν σταυρωμάτων ὑπὸ τοῖς γεφυρώμασι. Ῥωμαίοις δὲ ἀδεὲς ἦν καὶ ἐπίμονον τὸ ἔργον. »

2. *Scriptores rerum francicarum,* t. I, p. 821, d'après l'édition de Cambridge, où manque le nom d'Appien.

3. M. Troyon toutefois a hésité. *Habitations lacustres des temps anciens et modernes,* p. 168.

erreur d'interprétation en attribuant à Jules César, qui, on ne saurait trop le répéter, ne combattit jamais contre les Allobroges, l'expédient des lignes d'investissement formées au moyen de quais en charpente. Τοῦ Καίσαρος Γαΐου, qui est dans le grec, ne peut se rendre que par le César Caius, autrement dit l'Empereur Caligula. La citation de Suidas se rapporte donc à l'expédition de Caligula dans le nord de la Gaule, expédition qui, au dire de Suétone, eut pour motif le recrutement de la garde batave dont s'était entouré l'Empereur[1]. Les historiens connus n'ont fait que se moquer de cette campagne, qui se passa sans combattre. Les grands travaux indiqués par Appien n'en changent pas le caractère ridicule, puisque le résultat probable de tant de dépenses fut d'exercer la presse sur quelques misérables villages. Le renseignement a cela de précieux qu'il nous fait voir les Allobriges établis sur un point de la côte septentrionale facile à déterminer ; car on ne peut mettre ce peuple qu'entre les Ménapiens et les Bataves. Sa place était par conséquent la Zélande.

Que si l'on se demande à présent comment il se fait que les Allobriges ne soient pas nommés dans les Commentaires de César, tandis qu'ils

---

1. « Quum ad visendum nemus flumenque Clitumni Mevaniam processisset, admonitus de supplendo numero Batavorum, quos circa se habebat, expeditionis Germanicæ impetum cepit. » *Caligula*, c. 43.

l'étaient dans d'autres écrits sur la guerre des Gaules, l'explication à donner me paraît toute simple. Sans doute les Allobriges, conformément à un usage bien connu des Gaulois et des Germains, s'étaient associés pendant un temps avec les Atuatuques, leurs voisins, et cette confédération portant indifféremment le nom des Allobriges ou des Atuatuques, César aura préféré cette dernière dénomination pour éviter toute confusion avec les Allobroges.

Les Allobriges paraissent s'être maintenus, et même avoir pris de l'extension, pendant la décadence de l'empire. L'Anonyme de Ravenne, qui compilait au VIIIe siècle les écrits de plusieurs géographes contemporains de Clovis, définit ainsi la Belgique inférieure :

« *Ad frontem ejusdem Frigonum patriæ... ponitur patria quæ dicitur Frantia Rhinensis, quæ antiquitus Gallia Belgitia Allobrites dicitur*[1]. »

La fin de cette phrase, altérée comme l'est à chaque instant le texte de l'Anonyme, a fait jusqu'ici le désespoir des commentateurs. On croyait voir dans *Allobrites* une mention des Allobroges[2]. Après les explications qui précèdent, le doute ne me paraît plus permis. Il faut lire *Allobrices*, forme un peu différente, mais équivalente de

1. D. Bouquet, *Scriptores rerum francicarum*, t. I, p. 119 (*ex libro* IV, *sect.* 24).

2. Alfred Jacobs, *Gallia ab anonymo Ravennate descripta* (Paris, 1858), p. 18.

Allobriges, et la correction du tout sera : *quœ antiquitus Gallia Belgica et Allobrices dicebatur.*

L'assertion qu'un grand pays comme la Belgique inférieure a porté le nom d'un peuple qui était resté inconnu jusqu'ici pourra paraître excessive et peu digne de foi, surtout venant d'un auteur aussi barbare que l'Anonyme de Ravenne. Cependant il faut faire attention que le même fait se trouve attesté implicitement par Procope. Cet historien que recommande la sûreté de ses informations, car il n'écrivit que sur des documents officiels, raconte dans son premier livre de la Guerre gothique[1] que, lorsque les Francs habitaient encore le pays marécageux situé vers l'embouchure du Rhin, ils avaient pour voisins, demeurant côte à côte avec eux, les *Arboryches*[2], peuple anciennement soumis aux Romains, et qui continuait à combattre pour la cause de l'Empire, bien qu'il en eût répudié les institutions[3]. Les Francs firent la guerre à ces Arboryches pour les subjuguer, mais ceux-ci se défendirent vaillamment. Ils conservèrent leur nationalité et leur attachement au nom romain jusqu'à ce que, sollicités par leurs turbulents voisins, qui s'étaient convertis au christianisme, de

---

1. Chap. 12 (tome II, p. 63 de l'édition de Bonn).

2. « Τούτων ἐχόμενοι ᾽Αρβόρυχοι ᾤχουν. »

3. « Ξὺν πάσῃ τῇ ἄλλῃ Γαλλίᾳ καὶ μὴν ῾Ισπανίᾳ ῾Ρωμαίων κατήκοοι ἐκ παλαῖου ἦσαν..... ᾽Ετύγχανον δὲ ᾽Αρβόρυχοι τότε ῾Ρωμαίων στρατιῶται γεγενημένοι· οὓς δὴ Γερμανοὶ κατηκόους σφίσιν ἐθέλοντες, ἅτε ὁμόρους καὶ πολιτείαν ἣν εἶχον πάλαι καταβαλόντας, ποιήσασθαι. »

se fusionner avec eux, ils embrassèrent ce parti. Les deux peuples réunis en un seul constituèrent dès lors une puissance redoutable. Tel est en substance le récit de Procope.

Je n'ignore pas qu'on a assimilé les Arboryches avec les Armoriques des annalistes du Ve siècle; mais aucun des traits indiqués par Procope ne justifie cette manière de voir. Les Armoriques étaient une confédération des cités maritimes de la Gaule entre l'embouchure de la Gironde et celle de la Seine; donc ils ne confinaient pas aux Francs Saliens habitant les bords du Rhin inférieur. Les Armoriques n'avaient pas renoncé aux institutions romaines, et de plus ils avaient cessé de combattre pour la cause de l'Empire. Enfin les Armoriques ne se fusionnèrent pas avec les Francs. Toutes ces conditions, remplies par les Arboryches, me semblent autant de motifs plausibles pour en faire un peuple qui habitait la Zélande et la Flandre, qui, par conséquent, répond aux Allobrices de l'Anonyme de Ravenne. Il ne fait qu'un avec eux par la position, et probablement il ne fait qu'un aussi par le nom, car une raison d'euphonie peut avoir motivé le déplacement de la seconde voyelle dans Ἀρϐόρυχοι, qui aurait été d'abord Ἀρόϐρυχοι; et Ἀρόϐρυχοι n'est qu'une prononciation très-gutturale de *Allobrices*.

La fusion des Allobrices ou Allobriges avec les Francs explique que leur nom se soit éteint, malgré le bruit qu'ils avaient fait auparavant. J'ai beau-

coup cherché, espérant le retrouver dans quelque
dénomination territoriale. Les contrées du Nord
ne m'ont rien fourni de satisfaisant; mais, chose
singulière, le mot existe dans le vocabulaire des
villages situés aux environs de Belfort, sur la
limite des deux langues française et allemande;
il existe avec la valeur d'une injure sanglante.
Lorsqu'un Roman en vient aux gros mots avec
un Tudesque, il lui dit : *Allebriche*, et l'autre répond : *Welche*. C'est le commencement d'une
querelle qui finit ordinairement par des coups.
Je tiens ce fait de M. Delacroix, de Besançon,
qui en avait déjà fait part à M. Troyon; aussi
est-il consigné dans le livre de ce regrettable savant sur les antiquités lacustres de la Suisse[1].
N'y aurait-il pas à en induire qu'une colonie Allobrige fut établie par l'Allobrige Arioviste dans
cette partie de l'Alsace, où il régna pendant plusieurs années en souverain tout-puissant?

Je n'en saurais dire davantage sur ce sujet.
C'est assez si j'ai prouvé qu'il y aura désormais
une distinction à faire entre les Allobroges, anciens habitants du Dauphiné et de la Savoie, et
les Allobriges, peuple germanique émigré, dès le
temps de César, sur la rive gauche du Rhin, où
il sut se maintenir jusque vers l'an 500 de notre
ère.

1. Troyon, *Habitations lacustres,* p. 169.

NOTE

SUR

UN VASE DE TERRE

DÉCORÉ DE RELIEFS.

Par M. le Baron DE WITTE, Associé correspondant
étranger.

Lu en séance les 14 et 21 Octobre 1868.

Au mois de juin 1867[1], j'ai eu l'honneur de communiquer à la Société un vase antique de terre rouge, conservé au Musée d'Orléans. Ce vase extrêmement curieux a été trouvé en 1865 à Heudebouville (départ. de l'Eure). C'est un vase à boire de forme cylindrique; sa hauteur est de 110 millimètres. A l'extérieur il est décoré de sujets en relief; on y voit quatre personnages sous forme de squelettes et une espèce de cippe ou

---

1. Voy. *Bulletin* 1867, p. 108. — Cf. *Comptes rendus de l'Académie des Inscript. et Belles lettres*, 1866, p. 389.

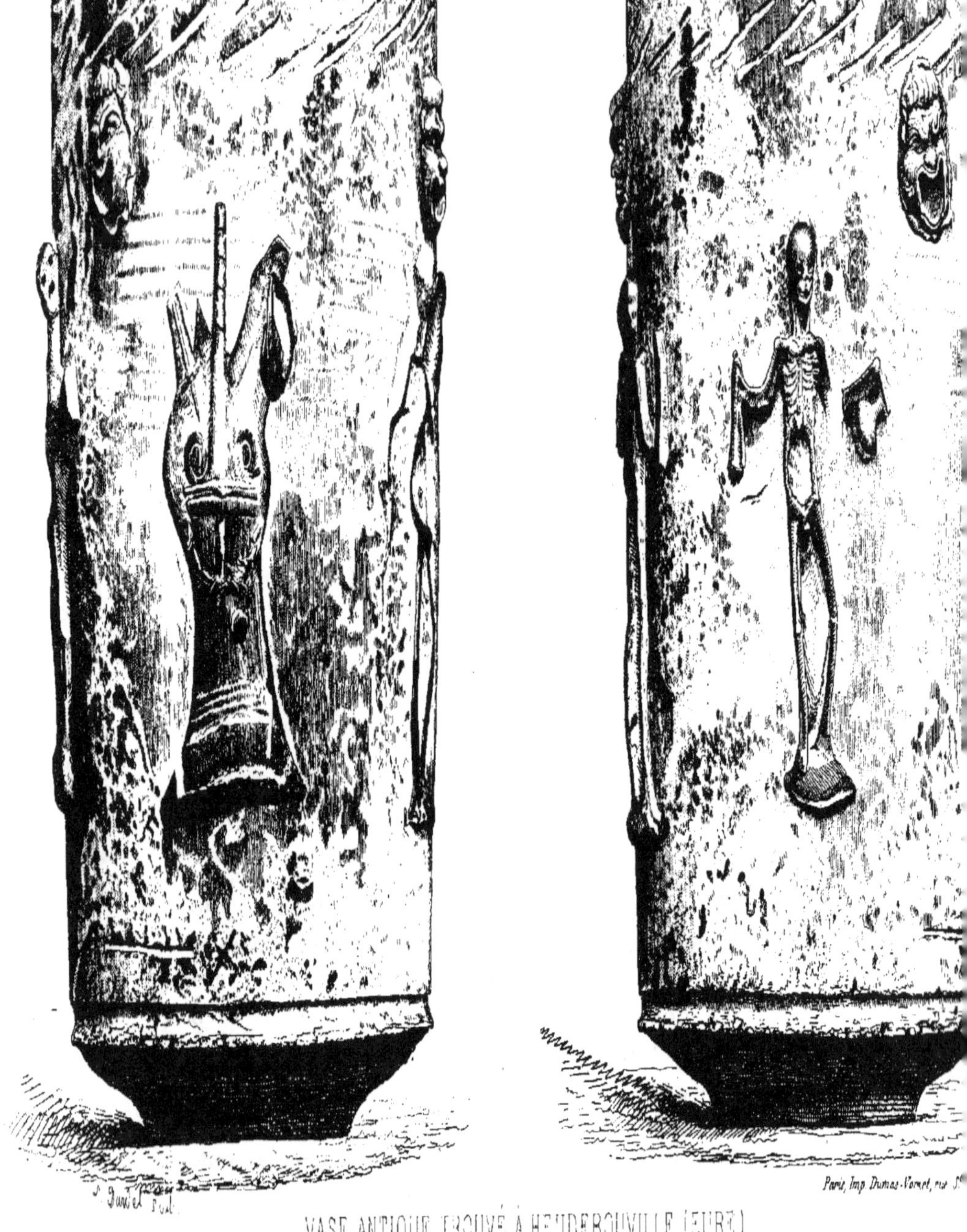

VASE ANTIQUE TROUVÉ À HEUDEBOUVILLE (EURE).

d'autel composé d'instruments qui se rapportent
à la navigation, un gouvernail, un aviron, etc.;
vers les bords du vase, dans la partie supérieure,
sont figurés trois masques comiques.

Les quatre personnages représentés comme
des squelettes, et que je nommerai des larves, ont
des attitudes diverses. Ce ne sont pas précisément
des squelettes; on serait disposé à croire que dans
certaines parties du corps la peau est encore
adhérente aux os. Ces personnages semblent
sauter ou danser et tiennent à la main des objets
qu'il est difficile de définir; on dirait que l'un
d'eux porte un præfericulum.

Les figures de larves ou de squelettes sont rares
dans les monuments anciens; cependant on en
connaît quelques exemples; toutes les représentations de ce genre appartiennent à une époque
comparativement récente. On a fait l'observation,
par rapport à d'autres figures de squelettes [1], que
la plupart du temps les artistes de l'antiquité ne
savaient pas de quelle manière s'attachent les
côtes et par conséquent n'avaient pas indiqué le
sternum. Cette ignorance de la structure du corps
humain dénote l'absence d'études ostéologiques.
Quant au vase trouvé à Heudebouville, il y a dans
les figures de larves quelque trace de sternum, si

1. Voy. Adrien de Longpérier, *Revue arch.* t. I, 1844,
p. 461. — Fr. Lenormant, *Gazette des beaux-arts,* février
1866, p. 176.

toutefois l'on peut avoir confiance dans le dessin joint à cette note.

Les Grecs avaient une profonde horreur pour la mort et cherchaient autant que possible à écarter de la vue les images qui pouvaient en rappeler le souvenir. Aussi l'art tendait-il à voiler sous des formes calmes et gracieuses la triste réalité de la fin imposée à la vie. Mais d'un autre côté les doctrines des philosophes enseignaient à mépriser la mort, et loin d'employer les détours de l'euphémisme, elles avaient en vue de montrer le néant des choses de ce monde. Les philosophes ne craignaient pas de contempler les restes décharnés de l'homme. C'était la croyance à l'immortalité de l'âme aussi bien qu'un épicurisme insouciant et raffiné qui inspiraient ces idées.

Sénèque[1] parle des ombres en disant : *Nemo tam puer est ut Cerberum timet et tenebras et larvalem habitum nudis ossibus cohærentium.* Ovide[2] les désigne par l'expression *ossea forma.* Sidoine Apollinaire[3] les appelle *larvales umbræ.* Apulée était accusé de porter sur lui comme objet magique une figure de squelette, et dans son Apologie il se défend vivement de cette superstition : *Macilentam, vel omnino evisceratam formam diri cadaveris fabricatam, prorsus horribilem et larvalem[4].*

1. *Epist.* XXIV.
2. *Ibis,* 146.
3. *Epist.* III, 13.
4. *Apologia sive de Magia,* p. 533, éd. Oudendorp.

Les lexicographes disent que le mot *larva* en latin répond aux expressions grecques δαιμόνιον, φάντασμα, εἴδωλον, σκελετός [1].

. En Égypte, au dire d'Hérodote, confirmé par d'autres témoignages anciens, pendant les repas, on apportait une petite caisse de bois qui renfermait l'image d'un mort parfaitement imitée et peinte, de la grandeur d'une ou de deux coudées[2]. Plutarque [3] donne à ces sortes d'images le nom de squelette (σκελετός), mais il est hors de doute qu'Hérodote a voulu parler d'une image de mort en forme de momie, semblable à ces nombreuses figurines funéraires qu'on voit dans toutes les collections d'antiquités égyptiennes. On faisait circuler cette image autour de la table et on la montrait à chaque convive, comme un avertissement de l'incertitude et de la brièveté de la vie, en s'excitant les uns les autres à jouir de l'heure présente, à penser à boire et à se divertir. Plus tard ces raffinements de débauche et de sensualisme s'introduisirent chez les Romains et tout le monde se rappellera le fameux passage de Pétrone qui, parlant du banquet de Trimalcion, ajoute que

1. Cyrilli, Philoxeni, aliorumque *vet. Glossaria* a C. Labbæo collecta, Lut. Parisiorum, 1679, *v.* Larva, *v.* Φάντασμα, *v.* Σκελετός. — Cf. Etym. M. *v.* Σκελετός, νεκρός.

2. Herodot., II, 78. — Plutarch. *Conviv. sept. Sapient,* tom. VI, p. 560, éd. Reiske. — Cf. *de Iside et Osiride,* t. VII, p. 411, éd. Reiske.

3. *L. cit.*

pendant qu'on était à table, un esclave apporta l'image d'un squelette faite d'argent et ayant les membres mobiles et articulés. *Larvam argenteam attulit servus, sic aptam, ut articuli ejus et vertebræ laxatæ in omnem partem verterentur*[1]. Et Trimalcion de s'écrier :

Heu, heu, nos miseros, quam totus homuncio nil est !

Sic erimus cuncti, postquam nos auferet Orcus.
Ergo vivamus, dum licet esse bene[2].

Tout ceci rappelle la fameuse inscription du tombeau de Sardanapale, qui invitait le passant à jouir de la vie[3].

Plusieurs savants se sont occupés de la recherche des monuments sur lesquels on a représenté des squelettes ou des larves, et parmi ces savants on peut citer le chanoine de Jorio[4], Lessing[5], Sickler[6], Blumenbach[7], Olfers[8], M. Al-

1. *Satyricon,* 34.

2. Petron., *L. cit.*

3. Plutarch. *de Alexandri Magni sive fortuna, sive virtute, orat.* I, t. VII, p. 328, éd. Reiske. Ἔσθιε, πῖνε, ἀφροδισίαζε· τἄλλα δὲ οὐδέν.

4. *Scheletri Cumani,* Nap. 1810.

5. *Wie die Alten den Tod gebildet,* 1769 et *Verm. Schriften,* Berlin, 1792, t. X, p. 103 folg.

6. *De monumentis aliquot græcis a sepulcro Cumæo recenter effosso erutis,* Weimar, 1812.

7. *De vet. artificum anatomicæ peritiæ laude limit.* dans les *Gelernt. Anzeig.* de Gœttingen, 1823, p. 1241.

8. *Ueber ein Grab bei Kumae,* tom. XIV, p. 40 des *Mémoires de l'Académie royale des sciences* de Berlin.

fred Maury [1], etc., etc. On a dressé des listes de
ces sortes de monuments et la liste la plus étendue
est celle qui a été donnée par Olfers, quoiqu'elle
soit loin d'être complète. Mais dans ces catalogues
on trouve la description de plusieurs monuments
ou évidemment faux ou du moins d'une antiquité
très-douteuse. Je n'ai pas l'intention dans ce
moment de refaire et de compléter ces listes. Ce
travail exigerait des recherches et des vérifications
difficiles à faire, les monuments dont il s'agit se
trouvant dispersés dans un grand nombre de
collections. Je me bornerai donc à signaler quelques-uns des monuments les plus remarquables
de cette espèce.

Au nombre des plus authentiques représentations de squelettes, on peut citer le bas-relief
d'un tombeau découvert près de Cumes en 1809.
La découverte de ce tombeau a donné lieu à un
grand nombre d'écrits dans lesquels la question
est traitée avec toute l'érudition qu'elle comporte;
j'ai cité plus haut quelques-uns de ces écrits. Le
bas-relief du tombeau de Cumes représente trois
squelettes qui dansent [2].

On cite aussi une urne cinéraire, conservée au
Musée de Naples et qui renfermait les ossements

1. *Rev. arch.* t. V, 1848, p. 287 et suiv. — Cf. K. O. Müller,
Handbuch der Archæologie, § 432. — F. G. Welcker, *Sylloge
Epigramm. gr.* Bonn, 1828, p. 98. — *Bull. de l'Inst. arch.*
1843, p. 185.

2. Jorio, *Scheletri Cumani,* Nap. 1810.

d'une jeune enfant, nommée Antonia Panacé[1].

Un bas-relief de Pompéi, gravé dans l'ouvrage de Mazois[2] et souvent cité par les savants qui se sont occupés de ces sortes de monuments, montre une femme qui, tenant des deux mains un linge, s'approche d'un squelette étendu sur un rocher.

On voit, sur un bas-relief du Musée du Louvre, une femme vêtue d'une tunique talaire et d'un péplus, assise sur un siége garni d'un coussin. Elle est occupée à tresser des guirlandes de fleurs pour servir à orner une tombe. Sous le siége est un chien. Dans le fond on aperçoit un squelette humain, sculpté sur la base d'une statue d'homme drapé, dont la partie supérieure est brisée[3].

On connaît des figurines de bronze représentant des squelettes. Il y en a de fausses, mais celle du Collége Romain est célèbre ; elle est d'une authenticité incontestable[4].

Un squelette dessiné en noir sur fond blanc et tenant dans chaque main un vase, se voit sur une mosaïque de Pompéi[5].

1. Spon, *Recherches curieuses d'antiquité*, p. 92, Lyon, 1683 et *Misc. erud. ant.* p. 7, Lugd. 1685. — Gerhard und Panofka, *Neapels ant. Bildwerke*, p. 61, n° 124.

2. *Ruines de Pompéi*, t. I, pl. XXIX.

3. Clarac, *Musée de sculpture ant. et moderne*, pl. 180, n° 335.

4. Ficoroni, *Gemmæ ant. litt.* tab. VIII, 4, Rom. 1757. — On connaît plusieurs autres figurines du même genre. — Cf. Gœdechens, *Cat. du Musée d'Aroldsen*, p. 113.

5. Gerhard und Panofka, *Neapels ant. Bildwerke*, p. 145, n° 11.

Quelques lampes de terre sont décorées d'une ou de deux figures de squelettes [1].

Enfin on connaît un assez grand nombre de pierres gravées sur lesquelles on a figuré des images de mort. Quelques-unes de ces pierres sont des abraxas et ont été fabriquées par les Gnostiques vers le troisième ou quatrième siècle de l'ère chrétienne.

On a cité bien des fois une pierre gravée, sardoine, sur laquelle on voit une tête de mort et à la partie inférieure un trépied chargé de mets avec ces mots : Πῖνε, λέγει τὸ γλύμμα, καὶ ἔσθιε, καὶ περίκεισο ἄνθεα, τοιοῦτοι γεινόμεθα ἐξαπίνης. *Bois et mange, nous dit cette pierre, couronne-toi de fleurs, voilà comment nous serons bientôt* [2].

Une intaille, jaspe vert, du Musée de Berlin montre Prométhée occupé à former l'homme ; la petite figure, à laquelle travaille l'habile ouvrier, est un squelette ; c'est la charpente osseuse d'un homme que plus tard il revêtira de chair [3].

On connaît quelques répétitions antiques, mais variées de ce sujet [4].

1. Dubois, *Cat. Pourtalès*, n° 864.

2. Gori, *Inscrip.* tom. III, p. 21. — Ficoroni, *Gemmæ ant. litt.* tab. VIII, n° 3.

3. K. O. Müller, *Denkmæler der alten Kunst*, II, pl. LXV, n° 837. — Cf. Winckelmann, *Pierres de Stosch*, p. 314 et suiv. — Tœlken, *Verzeichn. der aut. geschnitt. Steine*, Klass. *III*, I, n° 41.

4. Voy. Olfers, *L. cit.* pl. V, n°s 7 et 8. — Winckelmann, *L. cit.* — Tœlken, *L. cit.*

Hippocrate avait consacré au dieu de Delphes une figure de bronze qui représentait un homme tellement amaigri par la maladie, qu'on ne lui voyait plus que les os [1]. Et Pausanias raconte à l'occasion de cette offrande que Phayllus, général phocéen, s'étant vu en songe aussi maigre que le squelette, dédié par Hippocrate, ne tarda pas à tomber dans une maladie de langueur qui le conduisit au tombeau.

Mon savant ami, M. Adrien de Longpérier, en publiant, il y a vingt-cinq ans [2], le curieux *ex-voto* d'Eudamidas, n'a pas manqué de rappeler ce texte.

Eudamidas, dans cet *ex-voto* de bronze, trouvé dans le département de l'Aisne, à quelque distance de Soissons, est représenté d'une extrême maigreur, le buste et les bras nus. Sur le devant de la draperie qui couvre ses jambes on lit, en caractères formés de points, l'inscription :

ΕΥΔΑΜΙΔΑC

ΠΕΡΔΙΚ

Εὐδαμίδας Περδίκκου sous-entendu ἀνέθηκε.

L'ex-voto d'Eudamidas rappelle les nombreuses figurines votives de bronze trouvées dans le lac de la Falterona en Toscane, il y a une trentaine d'années [3].

---

1. Paus. X, 2, 4.
2. *Revue arch.* t. I, 1844, pl. XIII et p. 458 et suiv.
3. *Bull. de l'Inst. arch.* 1838, p. 65 et suiv.; 1842, p. 179 et suiv.; 1845, p. 96. — Micali. *Mon. ined.* p. 86 et suiv.

Quant au vase à boire du Musée d'Orléans, il est tout-à-fait en rapport avec le raffinement d'orgie et de débauche que l'on retrouve, non-seulement dans le banquet de Trimalcion, mais aussi sur plusieurs des monuments que j'ai mentionnés dans cette note. Les larves dansent; leurs attributs font allusion aux festins[1]; les masques figurés dans la partie supérieure indiquent que le rôle joué par l'homme sur la terre est fini. C'est par allusion à cette idée qu'un masque se voit quelquefois auprès des Génies de la mort, sur les sarcophages et sur des pierres gravées. Enfin les attributs de la navigation groupés autour d'un cippe semblent faire allusion, soit à la traversée du Styx, soit plutôt au voyage vers les îles Fortunées, séjour des âmes après la mort. Au milieu des idées de sensualisme et de profonde corruption, il y aurait comme un reflet de la croyance à l'immortalité de l'âme. Ce ne serait pas la première fois d'ailleurs qu'on rencontrerait sur les monuments de cette espèce une idée d'immortalité associée aux plus grossières expressions du matérialisme et de la débauche.

1. On connaît des vases à boire de verre sur lesquels on lit à l'extérieur les inscriptions : ΕΥΦΡΑΙΝΟΥ, *Réjouis-toi*, ou ΠΕΙΝΕ ΕΥΦΡΑΙΝΟΥ, *Bois, réjouis-toi.*— Secchi, *Illustr. di una ant. bilibra*, p. 26. — Cf. Raoul Rochette, *Antiquités chrétiennes*, p. 29 et 75; *Lettre à M. Schorn*, p. 193, note 3. — Sur un vase de verre, conservé au Musée de Rouen, on lit: ΕΥΦΡΑΙΝΟΥ ΣΦ Ο ΠΑΡΕΙ, *Réjouis-toi puisque tu es ici.* Voir le *Catalogue du Musée d'antiquités de Rouen*, par M. l'abbé Cochet, p. 66, note, Rouen, 1868.

LE MORVOIS .

(Pagus Morivensis).

Par M. Auguste Longnon.

Lu en séance le 16 Décembre 1868 et le 10 Février 1869.

On peut désigner en français, par le nom de Morvois, un *pagus* qui apparaît dans les documents latins du moyen-âge sous le nom de *pagus Morivensis*, et, quelquefois sous les variantes *Mauripensis*, *Morvisus* et *Morvensis*. C'est un *pagus* sur lequel les érudits n'ont pu se mettre d'accord depuis deux siècles. M. d'Arbois de Jubainville nous semble être entré le premier dans la bonne voie et il a traité plusieurs fois de ce *pagus* avec une grande justesse de vue[1]. Nous ne pouvons donc que le prendre pour guide.

Le Morvois est mentionné dans les huit docu-

---

1. *Pouillé du diocèse de Troyes*, rédigé en 1407, page 8. — *Mémoires lus à la Sorbonne en* 1865 (Archéologie). Le mémoire de M. d'Arbois de Jubainville est intitulé : *Notice sur le pagus Mauripensis*.

ments suivants, au neuvième et au dixième
siècle :

1° Les annales de Saint-Bertin en parlent, sous
le nom de *pagus Mauripensis*, aux années 841
et 859. Dans le premier passage, ces annales
nous apprennent que Charles le Chauve étant
revenu à Paris, pour s'opposer à son frère, l'empereur Lother, qui se dirigeait sur Paris après
avoir passé le Rhin, lui barra le passage pendant quelque temps; mais qu'enfin Lother,
remontant la Seine, se rendit à Sens, en traversant le *pagus Mauripensis*[1]. Le second passage se
rapporte à l'invasion des Northmans, par crainte
desquels les religieux de Saint-Denis transpor-
tèrent les reliques de leur patron et de ses compagnons dans leur *villa* de *Novigentus*, au *pagus
Mauripensis*[2].

2° Le capitulaire de Servais, donné par Charles
le Chauve, en 853, comprit le *pagus Morvisus*
dans le dixième *missaticum*. Ce *missaticum* se composait, en outre, des pays de Sens, de Troyes,
du Gâtinais, et des pays de Melun, de Provins,
d'Arcis et de Brienne[3].

3° Un diplôme de Lother Ier (840-855), relatif à l'abbaye de *Nigella*, située dans le *pagus Mo-
ripensis*[4].

1. Dom Bouquet, *Recueil des Historiens de France*, VII, 60.
2. *Ibid.*, VII, 75.
3. *Ibid.*, VII, 617.
4. Mabillon. *Annales ordinis S. Benedicti*, II, 624.

4° Un diplôme de Charles le Chauve, datant de
859, et se rapportant à l'abbaye de Saint-Denis,
place dans le *pagus* ou *comitatus Morivensis*, la
villa de *Madriniacus* et les lieux *(loci)* de *Buxidus* et
d'*Altaripa*. Dans ce document, le seul où le Morvois soit qualifié de comté, nous voyons l'« illustre comte Widric » possesseur de divers biens
audit *pagus*, échanger avec les moines de Saint-
Denis un manse sis à *Buxidus*, contre un manse
que les moines possédaient à *Altaripa*[1]. Widric
devait être comte du Morvois.

5° Une lettre des évêques réunis en concile à
Pîtres, en 861, confirme la donation faite aux
moines de Saint-Denis, par le roi, d'un certain
*praedium « cui nomen est Madriniacus in pago
Morivensi »*[2].

6° Un second diplôme de Charles le Chauve,
relatif à la même abbaye et en date de 862, mentionne la *villa* de *Madriniacus* et celle de *Novigentum
supra Sequanam*, sises dans le *pagus Morivensis*[3].

7° Un troisième diplôme du même souverain,

1. Félibien. *Histoire de l'abbaye royale de Saint-Denis.*
Pièces justificatives, n° 90. — Dom Bouquet, VIII, 558. —
Tardif. *Monuments historiques*, n° 171. — L'original de cette
pièce existe encore aux Archives de l'Empire.

2. Félibien. Pièces justif., n° 92. — Tardif. *Monuments historiques*, n° 179. L'original est aux Archives de l'Empire.

3. Félibien, Pièces justific., n° 94. — Dom Bouquet, VIII,
580. — Tardif. *Monuments historiques*, n° 186. — L'original
est aux Archives de l'Empire.

se rapportant à l'abbaye de Montier-la-Celle, et auquel on assigne approximativement la date de 872, mentionne la *villa* de *Rosontus*, dans le *pagus Morvensis*[1].

8° Une charte de Ledgarde, comtesse de Blois, en faveur du chapitre de Saint-Martin de Tours, et qu'on peut placer vers 980, est le document le plus moderne qui concerne le Morvois. Ce pays est désigné comme compris dans le comté de Troyes, par ces termes : « *In comitatu Trecassino, in pago scilicet Morivensi.* » Aucun document ne fournit un plus grand nombre de localités comprises dans le Morvois; ainsi nous y trouvons les *villae* de *Calixta Nova*, de *Cantagrellum*, de *Ledors*, de *Pelgiacus* et de *Puteus Flodulphi*, le *mancile Ordonus*, *Corbedinus*, *Curtis Agoldi*, *Mergellus* et la *Silva Ferrarias*[2].

L'ensemble de ces documents nous fournit seize noms de lieux compris dans le Morvois. Nous allons tenter d'en donner l'assimilation à des localités modernes.

Altaripa, locus, 859. — Nous ne trouvons dans l'étendue de territoire que les documents assignent au Morvois, aucune localité du nom d'Hauterive. Ce *locus* a donc disparu, mais pos-

---

1. Dom Bouquet, VIII, 642.

2. *Gallia Christiana*, II, *Instrumenta*, col. 7. — Cette charte a été reproduite par M. d'Arbois de Jubainville : *Histoire des ducs et des comtes de Champagne*, 1, 461, 462.

térieurement à 1172, car nous trouvons dans un dénombrement des vassaux de la châtellenie de Pont-sur-Seine de cette époque, que le fief de Houdouin de Marnay était sis à Marnay et « à Alterive[1] ». On peut toutefois conjecturer qu'Hauterive était situé près de Marnay (Aube, arrondissement et canton de Nogent); ce qui est aussi d'accord avec les termes du diplôme de Charles le Chauve.

Buxidus, locus, 859. — Bouchy-le-Repos, Marne, arrondissement d'Epernay, canton d'Esternay.

Calixta ·Nova, cum ecclesia in honore Sancti Georgii, 980 environ. — Chalautre-la-Grande, Seine-et-Marne, arrondissement de Provins, commune de Villiers-Saint-Georges. L'église de ce village est toujours sous le même vocable. qu'au Xᵉ siècle.

Cantagrellum, villa, 980 environ. (?)

Corbedinum, vers 980. (?)

Curtis Agoldi, vers 980. — Courtiou, Aube, arrondissement et canton de Nogent, canton de Villenauxe, commune de La Sausotte.

Ledors, villa, vers 980. — Liours, même commune que la localité précédente[2].

_____

1. *Livre des Vassaux du comté de Champagne et de Brie*, nº 2345.

2. L'édition donnée par le *Gallia Christiana* donne *Tedors*; nous soupçonnions qu'il fallait lire *Ledors*, qui trouve sa

Madriniacus, villa, 859, 861, 862. — Marnay, arrondissement et canton de Nogent-sur-Seine.

Mergellus, villa, 980 environ. — Le Mériot (?), Aube, arrondissement et canton de Nogent.

Nigella (*Monasterium quod vocatur*), 840-855. — Nesle - la - Reposte, Marne, arrondissement d'Epernay, canton d'Esternay.

Novigentus, *Novigentus super Sequanam*, villa. Annales de St-Bertin et diplôme de 862.—Nogent-sur-Seine, Aube, chef-lieu d'arrondissement.

Ordonus mancile, vers 980. — Ordon, Seine-et-Marne, arrondissement de Provins, canton de Villiers-Saint-Georges, commune de Chalautre-la-Grande.

Pelgiacus, villa, vers 980. — Pigy, Seine-et-Marne, arrondissement de Provins, canton de Villiers-Saint-Georges, commune de Léchelle-lès-Provins.

Puteus Flodulphi, villa, vers 980. — Puits-Froux, Seine-et-Marne, arrondissement de Provins, canton de Villiers-Saint-Georges, commune de Chalautre-la-Grande.

traduction naturelle dans Liours. M. E. Mabille nous confirme dans cette hypothèse, car il a lu ainsi dans les copies qu'il a consultées (*La Pancarte noire de Saint-Martin de Tours*, 226). Cet érudit a rendu comme nous la plupart des noms de lieux de la charte de Ledgarde, tels sont : *Calixta Nova, Curtis Agoldi, Ledors, Ordonus, Pelgiacus* et *Puteus Flodulphi*. Nous regrettons toutefois qu'il ait traduit le nom de notre *pagus* par celui du Montois, pays dont il est séparé par le Provinois.

Rosontus, villa, vers 872. — Resson, Aube, arrondissement de Nogent, canton de Villenauxe, commune de La Sausotte.

Silva Ferrarias, vers 980. L'emplacement des nombreuses localités nommées dans la charte de Ledgarde ne nous permet d'assimiler cette forêt qu'avec celle de Sourdun, située au sud-est de Chalautre-la-Grande et partagée aujourd'hui entre les départements de Seine-et-Marne et de l'Aube. Cette forêt portait, encore au XIIIe siècle, le même nom qu'au IXe[1].

La traduction de ces noms de lieux ne peut laisser aucun doute sur la position réelle du *pagus Morivensis*. Cette position est ainsi d'accord avec ce que les Annales de Saint-Bertin nous apprennent de Lother, qui marchant sur Paris, et forcé de remonter la Seine, gagna Sens en traversant le Morvois. Elle l'est aussi avec la formation du

---

1. *Livre des Vassaux du comté de Champagne et de Brie*, 1172-1222, n° 2370. — En 1288, sur la demande d'Edmond de Lancastre, époux de la reine douairière de Navarre, une enquête fut faite pour savoir de quoi se composaient les châtellenies qui avaient été assignées à cette dernière pour son douaire, et, spécialement sur la question de savoir si le « bois de Ferrières » dépendait de la châtellenie de Nogent-sur-Seine ou de celle de Provins. L'arrêt rendu à la suite de cette enquête déclara qu'il était de la châtellenie de Provins, appartenant au roi, et non de celle de Nogent, qu'Edmond possédait du chef de sa femme (Boutaric, *Actes du Parlement de Paris*, n° 2566 A; Delisle, *Restitution d'un volume des Olim*, n°s 678 et 680).

dixième *missaticum*, composé de pays avec lesquels le Morvois fait un tout compact. On ne peut donc suivre Adrien de Valois qui identifiait ce *pagus* avec le Hurepoix, et dont l'opinion a été presque toujours adoptée jusqu'à nos jours. Pourtant, au siècle dernier, l'abbé Lebeuf s'est inscrit contre cette attribution; mais ce savant antiquaire commettait également une erreur en le confondant avec le Montois, dont il est parfaitement distinct. Enfin, paraît-il, aux yeux de quelques personnes, le *pagus Morivensis* passa pour être le même que le Morvan, avec lequel il a, en effet, une grande ressemblance de nom[1].

Maintenant, si en suivant le savant archiviste de l'Aube, nous cherchons à voir le rapport existant entre ce pagus carolingien et les divisions de l'ancien diocèse de Troyes, nous reconnaîtrons avec lui que le doyenné de Pont-sur-Seine, dépendant du grand archidiaconé de ce diocèse, renfermait à peu près dans ses limites tous les lieux dont nous avons pu constater la dénomination actuelle. On n'a qu'à jeter un coup d'œil sur une carte de l'ancien diocèse de Troyes pour en être convaincu, car Pigy et le Mériot sont les seuls qui sont en dehors du diocèse de Troyes; mais on doit remarquer qu'ils sont pour ainsi dire situés sur la ligne de démarcation de cet évêché, dont ils ont pu être

---

1. Boutiot. *Études sur la géographie ancienne appliquées au département de l'Aube*, 130.

détachés à une époque très-ancienne par une cause inconnue, pour être réunis au diocèse de Sens.

A en juger par ces indices, l'étendue du Morvois, du nord au sud, équivaudrait à 24 kilomètres environ ; de l'est à l'ouest, son étendue serait la même, notamment au sud. Malgré son peu de superficie, son territoire se trouve actuellement partagé entre les trois départements de la Marne, de Seine-et-Marne et de l'Aube.

Postérieurement à l'époque où M. d'Arbois de Jubainville constatait une sorte de concordance entre le Morvois et le doyenné de Pont-sur-Seine, un érudit troyen, voulant établir l'identification de la constitution géologique du sol avec l'ancienne division par *pagi*, prétendit reculer les limites de ce pays à l'est en faisant dériver le nom du *pagus Morivensis* ou *Mauripensis*, de celui de la petite ville de Méry-sur-Seine, qu'il dit être le *Mauriacum* auquel les *Campi Mauriaci*, théâtre de la défaite d'Attila, doivent leur nom. Nous ne discuterons pas ici ce qu'il nous semble y avoir d'erroné dans cette attribution ; mais quand bien même elle serait exacte, on ne peut admettre que *Mauripensis* soit un adjectif dérivé de ce nom. M. Boutiot, qui n'en est, sans doute, pas bien convaincu lui-même, donne en même temps une seconde étymologie du nom du pays qui nous occupe. On ne saurait admettre qu'un nom ait à la fois deux étymologies. Suivant cette seconde étymologie, notre *pagus* tirerait son nom

des marais, le radical celtique *maur* signifiant
marais. Mais en dehors du suffixe adjectif *ensis* dont
la présence suffirait pour éloigner l'idée de chercher l'étymologie de cette dénomination du *pagus* dans la langue celtique, il resterait encore
une portion du nom inexpliquée. Aussi ces étymologies, ne pouvant supporter l'examen, doi-
vent-elles être rejetées, ainsi que cette conclusion
qui ressort du système particulier à M. Boutiot :
Le Morvois, qui s'étendait au-delà du doyenné de
Pont, vers l'est, n'en comprenait pas la portion
septentrionale, laquelle, n'étant pas une contrée
marécageuse, aurait fait partie du Montois[1]. —
Les opinions de M. Boutiot ont, du reste, été publiquement combattues par M. d'Arbois, il y a
quatre ans[2].

Un point qui n'a pas été discuté par d'autres
que par M. Boutiot, est la question de savoir
quelle était la capitale du Morvois. Comme la ma-
jeure partie des noms de nos anciens *pagi* était
formée de ceux de leurs chefs-lieux, il est assez
naturel de supposer qu'il en fut de même pour
celui-ci. Ce pourrait donc être un lieu du nom de
Morivus dont la forme actuelle serait quelque
chose comme *Maurupt* ou *Moru*. Dans l'étendue
de pays que l'on peut assigner au Morvois, on ne

---

1. Boutiot. *Études sur la géographie ancienne appliquées au
département de la Marne,* 34 et 130.

2. Mémoires lus à la Sorbonne en 1865 (Archéologie).

trouve aucun nom semblable ; et alors deux sup-
positions sont seules possibles. Ou cette capitale
aura changé son nom primitif contre un nom de
saint, ou bien elle aura disparu, comme tant
d'autres. Ce qui pourrait faire admettre cette
dernière hypothèse, c'est la suprématie de Pont-
sur-Seine, dès l'époque féodale, sur le territoire
de l'ancien Morvois. Ainsi, tandis que d'un côté,
on a des rôles des feudataires de la châtellenie
de Pont-sur-Seine dont le plus ancien remonte à
1172[1], de l'autre le *Liber Pontificum* des comtes
de Champagne contient des chartes de 1243, 1252,
1259 et 1272, qui nous montrent que Pont avait
dès lors le rang de chef-lieu de doyenné ou de
chrétienté, qu'il n'a perdu qu'en 1790[2].

Si Pont a hérité du rang de capitale du Morvois, on peut croire que, comme dans d'autres
cas semblables, cette nouvelle capitale n'était que
très-peu distante de l'ancienne. Nous sommes
d'autant plus tenté de le supposer que, dernière-

---

1. *Livre des Vassaux du comté de Champagne et de Brie*,
1172-1222 (ch. XXI). — On conserve au Trésor des chartes,
sous la cote J 196, n° 50, un rôle latin rédigé vers 1252 et
intitulé : *Ce sunt li fié de la chastelerie de Ponz-suer-Saigne*.

2. On trouve en 1243, Ponchard, doyen de la chrétienté
de Pont (*Liber Pontificum*, 336 v°; d'Arbois de Jubainville,
Catalogue des actes des comtes de Champagne, n° 2661); en 1252
O., sans doute *Odo* (*Liber Pontificum*, 495 r°, *Catal. des actes*,
n° 3024); en 1259, Thibaut (*Ibid.*, 314 r°. *Catal. des actes*,
n° 3173); en 1272, Guillaume (*Ibid.*, 495 v°, *Catal. des actes*,
n° 3722).

ment, en compulsant un carton du Trésor des chartes dans un but tout autre que de chercher l'emplacement de l'ancienne capitale du *Moriven-sis*, dont nous aurions été alors bien embarrassé de traduire le nom, nous avons trouvé la charte suivante, qui date de 1245.

« Nos, E. abesse dou Paraclit et touz li couvanz
» de ce mesme lieu, faisons savoir à touz ces qui
» verront ces presantes lestres, que quant nostre
» chier sire Thiebauz, par la grace de Dieu rois
» de Navarre, de Champaigne et de Brie cuens
» palazins, eust prins par nostre otroi et par
» nostre volanté et anclos an son parc que il a
» fait *deseur Ponz, an Mont Morvoi*s, de nostre
» bois jusque a VIII^{xx} et XIII arpanz, il a l'esgard
» de preudomes et porce que li suens bois valoit
» plus que li nostres, il nos a rendu et asis sis
» vinz arpanz de bois, quatre meins, ou bois qui
» fu mon seigneur Guillaume de La Court, le che-
» valier, et mon seigneur Perron de Jaucourt, an
» tel maniere que nos de ce bois pourons faire
» nostre volanté toutes les foiz que nos vourons
» et le ferons garder et clore quant nos vorrons;
» et se nus i estoit trovez copant ou essartant,
» l'amande et li forfeiz seroit nostres as us et
» coutumes de la forest, sauf ce que l'autre jou-
» tice demore au devant dit roi et à ses oirs. Et
» ce bois, il nos rant en eschange franc et quite de
» gruerie et d'usuaire et le nos doit garantir
» contre toute gent qui voudroient venir à droit.

» An quel tesmoignance des choses devant dites,
» nos avons fait sceller ces presantes lestres de
» nostre scel. An l'an de l'incarnacion Nostre
» Seignor mil et CC et quarante et cinc, ou mois
» de septambre[1]. »

Cette charte nous fournit une indication importante, car elle nous apprend qu'une montagne qui domine Pont-sur-Seine se nommait encore au XIIIe siècle *Mont-Morvois*, désignation qui, en rappelant le souvenir du *pagus* carolingien, nous donne en même temps la forme vulgaire de son nom. Quant à son identité, elle est facile à établir; c'est une colline boisée, assez escarpée, située entre Pont-sur-Seine et l'abbaye du Paraclet, et qui occupe la partie méridionale du finage de Pont. Ceci ne doit offrir aucun doute, puisque les bois qui couronnent cette montagne ne sont autres que le « *Parc de Pont* » dont la charte que nous venons de reproduire nous fait connaître l'établissement par Thibaut le Chansonnier.

Nous ne croyons pas que l'on élève de doutes sur

______

1. Cette charte, qui se trouve au Trésor des chartes, J 195, n° 75, a été déjà publiée dans la *Bibliothèque de l'École des chartes*, 2e série, t. III, p. 256, comme ayant servi à la composition écrite des élèves de deuxième année de l'École des chartes. Elle a été aussi analysée par M. Teulet, dans son inventaire des *Layettes du trésor des chartes* (tome II, p. 586); mais ce savant, à en juger par sa table, a cru que les mots *an Mont Morvois* étaient un surnom de la ville de Pont; cette erreur s'était également glissée dans la *Bibliothèque de l'École des chartes*.

l'authenticité du nom que cette montagne portait encore au XIIIe siècle. Nous reproduisons le document qui nous le donne d'après l'original, et l'on retrouve cette dénomination dans une charte de 1194, par laquelle Garnier, évêque de Troyes, confirmant des donations faites à l'abbaye du Paraclet, fait savoir que Milon de Nogent avait donné à ce monastère l'usage de son bois *de Monte Morvei*[1]. De plus nous avons remarqué dans un des cartulaires du comté de Champagne une charte de frère Garnier, abbé de Sellières, et de son couvent; elle constate qu'en échange de la superficie et d'un fonds de terre de vingt arpents de bois que le comte Thibaut IV avait donné aux religieux de Sellières, dans la forêt de Saint-Mard, ceux-ci cèdent au comte Jaquin La Hierre, sa femme et ses enfants (pour qu'ils soient désormais de la commune de Barbonne), et, de plus la pâture et l'usage qu'ils avaient « *in nemore de Montemorvois*[2]. » Cette charte est datée de 1231. — Une autre charte de 1233, émanant d'Ermengarde, abbesse du Paraclet, constate un arrangement intervenu entre le couvent du Paraclet et le même comte Thibaut, au sujet de divers droits, entre autres « super usuario nemoris *de Monte*

---

1. *Gallia christiana*, XII, *Instrum.* col. 279.

2. *Liber Pontificum* (Biblioth. Imp. fonds latin 993 A, f° 3572 r°). — La forêt de Saint-Mard se nomme aujourd'hui forêt de la Traconne.

Morveii ». Ce document existe en original au Trésor
des chartes[1], et son autorité, unie à celle des autres
chartes que nous venons de citer, prouve sura-
bondamment qu'une montagne boisée des environs de Pont portait, au XIIIᵉ siècle, le nom de
Mont-Morvois.

Cette montagne, croyons-nous, pourrait fort
bien nous offrir l'emplacement de la capitale pri-
mitive du Morvois. On n'a point encore signalé en
ce lieu de vestiges qui puissent autoriser cette
conjecture; mais des fouilles faites sur ce point
pourraient amener un résultat satisfaisant, si l'on
songe aux richesses qu'offre aux archéologues
l'exploration de certaines montagnes voisines de
plusieurs petites villes actuelles. Et, du reste, logi-
quement, le Mont-Morvois ne peut-il pas nous
offrir l'emplacement de la capitale du *pagus Morivensis*, comme le Mont-Auxois nous donne, à n'en
pas douter, celui où s'élevait *Alesia*, la capitale de
l'Auxois (*pagus Alesensis*), et comme le Mont-Lassois nous représente celui de *Latiscum*, capitale

---

1. *Trésor des chartes*, J 195, nº 15.— Cette charte a été analysée par M. Teulet (*Layettes du trésor des chartes*, II, 255).
Dans cet ouvrage, on a complété le nom de l'abbesse d'une
manière fautive, car l'auteur, pensant qu'il s'agissait d'une
abbesse du Paraclet, au diocèse d'Amiens, crut que l'E. de la
charte était une abréviation du nom Evelina, parce que
l'abbesse qui gouvernait alors ce monastère se nommait
Avelina (*Gallia Christiana*, X, col. 1345). Il ne fallait que
consulter la liste des abbesses du Paraclet, au diocèse de
Troyes, pour être convaincu qu'on devait lire Ermengarde.

du *pagus Latiscensis?* Ces trois noms de Mont-Auxois, Mont-Lassois et Mont-Morvois sont de formation semblable ; aucun archéologue ne voudrait douter, pour les deux premiers, qu'ils n'eussent été jadis des centres d'habitation. Pourquoi le Mont-Morvois ne leur serait-il pas semblable?

Un fait semble venir à l'appui de notre hypothèse sur l'importance du Mont-Morvois à l'époque gallo-romaine, c'est la présence au pied de cette montagne de ruines auxquelles la tradition, suivant le témoignage de M. Casimir Périer, propriétaire du château actuel de Pont, donne le nom de « Cour des Salles » en les attribuant au château des comtes de Champagne[1]. Si ces ruines sont

---

1. Cette tradition, qui a déjà été signalée au siècle dernier, par Courtalon-Delaistre (*Histoire de la ville et du diocèse de Troyes,* III, 250), nous semble offrir une assez grande vraisemblance, bien qu'au premier abord, il paraisse étonnant que le château de Pont, à l'époque féodale, ne fût pas attenant à la ville. Nous avons dit plus haut que Pont-sur-Seine était le chef-lieu d'une des châtellenies du comté de Champagne en 1172 ; mais elle n'était pas encore en leur pouvoir en 1110, car, dans une charte de cette année, Philippe de Pont, seigneur de Troyes, qualifie son cousin, Garnier, « seigneur de Pont et de Traînel » (Socard, *Chartes inédites extraites des cartulaires de Molêmes,* p. 93). Or, ce serait sans doute à la période d'union de ces deux seigneuries que remonteraient les noms de *Salles,* donnés aux châteaux féodaux de Pont et de Traînel. Nous regrettons de n'avoir pu trouver d'aveu de la seigneurie de Pont, pour prouver que tel était bien le nom de son château ; mais nous avons été plus heureux pour celle de Traînel. Nous

les vestiges du château féodal, qui, suivant toute
apparence, remontait au moins au XIIe siècle,
elles indiqueraient qu'après la destruction de l'*op-
pidum* du Mont-Morvois, la forteresse destinée à
le remplacer ne fut pas établie sur son emplacement, car il fallait songer à protéger une bourgade, florissante dès le VIe siècle, sur la rive gauche
de la Seine[1], à deux kilomètres du nouveau château. Cette bourgade, aujourd'hui la petite ville de
Pont-sur-Seine, prêta, pour ce motif, son nom à
la forteresse féodale, qui lui fit partager de cette
manière sa suprématie sur les environs.

Il n'est pas hors de propos de faire remarquer

avons pu consulter deux aveux, l'un, émanant de Jehan de
Mornay, chevalier, en date de 1386; l'autre, de trois ans
postérieur, est celui de Guillaume de Mornay, écuyer. On
conçoit aisément la ressemblance de ces deux aveux, aussi ne
donnerons-nous que le début du plus ancien : « A tous ceulx
» qui ces presentes lettres verront, Jehan de Mornay, cheva-
» lier, seigneur de Traynnel et de Voulton et chambellan du
» Roy, nostre sire, et de monseigneur le duc de Bourgoigne,
» salut. Savoir faisons que nous avons advoé et advouons
» encore par ces présentes à tenir en fié du Roy, nostre-
» dit seigneur, à cause de son chastel et chastellerie de
» Nogent-sur-Seine, les héritages, rentes, et revenues qui
» s'ensuivent. Et premièrement la maison, chastel, chas-
» tellerie, appartenances et appendences dudit Traynnel, de
» la partie d'amont à celle maison appellée *les Sales*, tout
» le pourpris d'icelui, si come tout se comporte, et le
» donjon et prison d'icelle. » (Archives de l'Empire, P 173[2],
cote VII[xx] X.)

1. *Fredegarii Epitome,* cap. 71. Pont y est appelé *Duodecim Pontes.*

que la voie romaine de Meaux à Troyes par Chailly,
voie mentionnée dans la Table théodosienne, passant la Seine à Pont, devait longer le Mont-Morvois à l'est. A l'ouest de la même montagne, se
trouvait une autre voie romaine, venant de Sens
par Traînel, et à laquelle la tradition locale assigne
les noms de « chemin d'Orléans » et de « chemin
de Sens ». Cette voie, après sa sortie de Traînel,
gagnait Fontaine-Macon, en passant par le territoire de Fontenay-Bossery, traversait l'Ardusson à Corquelin, village détruit, et se joignait
à l'autre voie près de Pont[1]; c'est sans doute celle
que des aveux du XIVe siècle désignent sous le
nom de *Chemin de l'Estrée*[2]. Ainsi le Mont-Mor-

---

1. D'Arbois de Jubainville, *Répertoire archéologique du
département de l'Aube*, 88-92; aux articles : *Fontenay-Bossery, La Louptière, Mâcon, Pont-sur-Seine, Saint-Aubin et
Traînel*. On tire mieux parti des indications données par
ce savant en les contrôlant au moyen de la Carte de l'Etat-
Major.

2. Voici le début de l'aveu d'Isabeau, dame de Saint-
Aubin, en date du 20 avril 1377, où il est certainement
question de la voie romaine de Sens à Pont-sur-Seine :
« C'est li fiez que, je, Ysabel, dame de Saint-Albin, tieng et
» advoe à tenir en fié et en homage du roy nostre sire à
» cause de son chastel et chastellerie de Nogent-sur-Seine,
» et premièrement la justice basse, moyenne et haute du
» dit Saint-Aubin, si comme elle se comporte : dès *le chemin
» dict de l'Estrée* en venant droit à la planche dicte la plan-
» che de la Chappelle-Godeffroy jusques à la pierre dicte la
» pierre des Potez, en venant tout contremont jusques au
» postiz du parc de Pons-sur-Seine et d'illec en venant

vois se trouvait enclavé entre deux voies romaines qui se réunissaient évidemment au pied de ce coteau, dans la vallée de la Seine. Nous ne craindrons donc pas de répéter que des fouilles bien faites viendraient sans doute confirmer nos hypothèses.

» droit au moustier dudict Saint-Aulbin. » (Archives de l'Empire, P 173, cote 119). Un autre aveu du 20 décembre 1389, coté 142, reproduit à peu près les mêmes indications. *Le chemin de l'Estrée* est aussi mentionné dans l'aveu de la seigneurie de Saint-Aubin rendu le 16 novembre 1668, par Marie de Bragelogne, veuve de feu messire Claude le Bouthillier, seigneur de Pont-sur-Seine (Archives de l'Empire, P 192, cote 13). Il n'est pas inutile de dire, pour l'intelligence de ce qui précède, que Saint-Aubin est situé sur l'Ardusson, à un peu plus d'un kilomètre de l'endroit où la voie romaine traversait cette petite rivière.

RECHERCHES

COMTES DE DAMMARTIN

AU XIIIe SIÈCLE.

Plus un livre est consulté pour les travaux d'érudition, plus il importe de signaler les inexactitudes qu'on y rencontre. C'est le meilleur moyen de prévenir des erreurs et des méprises dont les conséquences sont parfois très-graves. Toutes les fois que l'occasion s'en présente, il convient donc de noter avec soin les rectifications qu'on peut apporter aux catalogues historiques contenus dans l'*Art de vérifier les dates*. Cet ouvrage, l'un des plus utiles que nous ait laissés la congrégation de Saint-Maur, se compose d'éléments trop nombreux et trop divers pour que toutes les parties en soient également parfaites. Les auteurs avaient reconnu eux-mêmes qu'il était impossible que dans un si grand nombre de faits et de dates il ne leur fût pas échappé des fautes; ils priaient les savants de leur venir en aide pour perfectionner un livre, dans lequel, disaient-ils, il serait à souhaiter qu'il ne se rencontrât, s'il était possible, ni erreur ni obscurité.

Ce n'est donc pas manquer de respect à la mémoire des bénédictins que de rectifier quelques passages de l'*Art de vérifier les dates*, comme j'essaierai de le faire aujourd'hui à propos d'un comte de Dammartin dont le sire de Joinville parle dans l'Histoire de saint Louis.

La succession des comtes de Dammartin au XIIIe siècle est établie comme il suit dans l'*Art de vérifier les dates*.

Renaud I, dépouillé vers 1214 à la suite de sa révolte contre Philippe-Auguste.

Philippe Hurepel, de 1223 à 1234.

Mahaud, veuve de Philippe Hurepel, morte en 1258.

Alberic, fils de Philippe et de Mahaud, en 1244.

Renaud II, dit de Trie, de 1267 ou 1268 à 1298 ou plus tard.

Jean Ier de Trie, depuis 1298 ou environ jusqu'au 18 août 1304.

Je crois qu'il faut supprimer sur cette liste le nom d'Alberic et celui de Renaud II de Trie; remplacer Renaud II par Mathieu, et faire commencer l'administration de Jean Ier non pas en 1298 ou environ, mais bien en 1274 au plus tard.

L'un des plus puissants vassaux de Philippe-Auguste fut Renaud de Dammartin, qui posséda en même temps les comtés de Dammartin, de Boulogne et de Mortain. Il expia par la perte de ses biens et de sa liberté la faute qu'il avait commise en s'alliant en 1211 avec le roi d'Angleterre et l'empereur d'Allemagne. Sa fille Mahaud avait été fiancée, en août 1201, à Philippe, fils de Philippe-Auguste et d'Agnès de Méranie[1]. Ce prince, qui a reçu le surnom de Hurepel[2], était encore au berceau. Son mariage, dont les conditions furent reconnues en novembre 1209 et en mai 1210 par Renaud de Dammartin[3], lui assura presque tous les domaines de son beau-père, domaines auxquels la mort de Thibaud, comte de Blois et de

---

1. *Catalogue des actes de Philippe-Auguste*, p. 157, n. 674.

2. Ce surnom se trouve déjà dans la Chronique de Philippe Mousket (v. 28331, *Recueil des historiens*, XXII, 50), et dans la Chronique dite de Reims (*ibid.* 304 B). — Un ms. des Chroniques de Saint-Denis porte : « Philippe le Hericé, que nous surnommons Heurepel; » (*Recueil des historiens*, XVII, 388, note). — « Hunc Bolonienses vocant Philippum Hirsutum, vulgariter Hirechiel; » Jean d'Ypre, *ibid.* XVIII, 606. — « Nostre cuens Hureis; » Chanson anonyme du XIIIe siècle, citée par M. Paulin Paris, dans *Hist. litt.* XXIII, 773.

3. *Catalogue des actes de Philippe-Auguste*, p. 271, n. 1178, et p. 280, n. 1217-1219.

Clermont, arrivée en 1218, lui permit d'ajouter le comté de Clermont en Beauvaisis[1].

On ignore à quelle date Philippe, qui fut armé chevalier en 1222[2], entra en jouissance de tous ses comtés. Il s'appelle simplement « Philippus, domini regis Francorum filius, » dans un acte sans date, mais du commencement de l'année 1223, par lequel il fait hommage à Philippe-Auguste des biens qu'il avait dans la baillie de Miles de Lévis, c'est-à-dire en Basse-Normandie[3]. En août 1223, peu après avoir rendu les derniers devoirs à son père[4], il figure avec le titre de comte de Boulogne, dans une charte de la reine Ingeburge[5]. Ce fut la même année, suivant l'auteur de la chronique d'André[6], qu'il alla personnellement se mettre en possession du comté de Boulogne. Le 8 novembre 1223, il prend part à l'établissement relatif aux juifs[7]. En février 1224, il conclut avec

1. Dans un acte de l'année 1218 (*Catalogue des actes de Philippe-Auguste,* p. 402, n. 1826) il est fait allusion aux droits de Mahaud, grand' mère de la femme de Philippe Hurepel sur le comté de Clermont.

2. Alberic de Trois-Fontaines, dans le *Recueil des historiens,* XVIII, 792 A.

3. *Catalogue des actes de Philippe-Auguste,* p. 475, n. 2158.

4. Guillaume le Breton, dans *Recueil des historiens,* XVIII, 116 B, 280 E, etc.

5. *Recueil des historiens,* XIX, 324 D.

6. *Ibid.* XVIII, 578 E.

7. Teulet, *Layettes du Trésor des chartes,* II, 14, n. 1610.

son frère, le roi Louis VIII, un traité qui confirmait les droits de Philippe sur le comté de Mortain, le comté de Clermont, un quartier de Dammartin et le comté d'Aumale[1]. A partir de cette date, au plus tard, Philippe Hurepel doit être considéré comme comte de Dammartin. Il suffit d'enregistrer par ordre chronologique les mentions que nous trouvons de lui dans les chartes et dans les chroniques depuis 1224 jusqu'en 1233.

1224 (n. s.), février. Philippe reconnaît que le roi a retenu les dettes de ses juifs dans la terre que lui Philippe avait reçue en Normandie. (Teulet, II, 24, n. 1630.)

1224 (n. s.), février, mars ou commencement d'avril. Charte de Philippe pour l'abbaye de la Victoire. (Publiée à l'Appendice, I.)

1224. A l'échiquier de Pâques, il est constaté que le fief de la Ferté-Macé est tenu en chef du roi et que le seigneur n'en doit pas faire hommage au comte de Mortain. (*Cartul. normand*, formant la seconde partie du t. XVI des *Mémoires de la Société des antiquaires de Normandie*, p. 48, n. 326.)

1224. Philippe accompagne son frère, le roi Louis VIII, dans la campagne du Poitou. (Nicolas de Braie, dans le *Recueil des hist.* XVII, 322 A; Alberic, *ibid.* XVIII, 793 B.)

1225, mai. Charte de Philippe pour les habitants de Rieux, de Brenouille et du Mesnil de Pont-Sainte-Maxence. (Publiée à l'Appendice, II.)

1. Teulet, II, n. 1629. Il fut reconnu par un acte particulier (*ibid.* II, 24, n. 1630) qu'en ce qui concernait les domaines de Normandie le roi s'était réservé le recouvrement des sommes dues à ses juifs.

1225, juin. Louis VIII déclare, dans son testament, que la terre donnée à Philippe doit revenir à la couronne si Philippe meurt sans héritier. (Teulet, II, 54, n. 1710.)

1225, juillet. Philippe, témoin à un traité conclu entre Marie, comtesse de Pontieu, et Louis VIII. (Teulet, II, 57, n. 1713.)

1226 (n. s.), janvier. Philippe promet d'aider le roi dans la guerre de l'Albigeois. (Teulet, II, 68, n. 1742.)

1226 (n. s.), janvier. Philippe s'accorde avec l'abbaye de Saint-Denis pour des droits de justice à Moyvillers, Etrées-Saint-Denis et Bailleul. (Collection Moreau, vol. 136, fol. 208.)

1226 (n. s.), mars, à Pont-de-l'Arche. Charte de Philippe, pour les hospitaliers de Saint-Jean de Jérusalem. (Arch. de l'Emp. S. 5139, n. 10.)

1226, mai. Louis VIII donne la Morlaye à Philippe. (Ms. latin 9778, fol. 152 v°. Martene, *Collectio*, I, 1202.)

1226, juin. Philippe fait part à l'empereur Frédéric II de la trahison des Avignonnais. (Teulet, II, 88, n. 1789.)

1226, 4 septembre. D'après une lettre de Romain, cardinal légat, datée du camp devant Avignon, Gervais, abbé de Notre-Dame de Lonlai [1], reconnut que les religieux de cette maison ne pouvaient procéder à l'élection d'un abbé sans avoir obtenu l'agrément du seigneur de Domfront; de plus il déclara que, comme il avait été élu sans l'accomplissement de cette formalité, les moines avaient dû faire amende à Philippe, comte de Boulogne, seigneur de Domfront. (*Inventaire des titres d'Artois*, par Godefroy, I, 84; vol. 396 de la Collection Moreau.)

---

1. Gervais ne figure pas avant l'année 1229 sur la liste des abbés de Lonlay dressée par M. Hauréau, dans le *Gallia christ.* XIV, 494.

1226, 3 novembre, à Montpensier. Philippe s'engage à faire couronner le jeune roi Louis IX. (Teulet, II, 96, n. 1811.)

[1226, novembre.] Philippe invite les prélats et les barons à assister au couronnement du roi. (Teulet, II, 101, n. 1823.)

1226, décembre. Philippe reçoit du roi les forteresses de Mortain et de Lillebonne, qui doivent faire retour à la couronne s'il meurt sans héritier direct. (Teulet, II, 114, n. 1909.)

1227 (n. s.), mars. Philippe reçoit du roi une rente viagère de 6000 livres tournois. (Teulet, II, 118, n. 1920.)

En voyant les faveurs qui furent alors accordées à Philippe Hurepel, on ne s'étonne pas qu'il soit cité par Guillaume de Nangis[1], comme ayant d'abord pris parti pour le jeune roi dans les troubles qui signalèrent la régence de la reine. Nous verrons bientôt qu'il ne persévéra pas longtemps dans ces sentiments.

1227 (n. s.), mars. Philippe est un des commissaires auxquels Pierre, duc de Bretagne, doit remettre sa fille Yolent. (Teulet, II, 120, n. 1922.)

1227 (n. s.), mars. Philippe présente à l'évêque d'Avranches un clerc pour la cure de Parigny. (Original, Arch. de l'Empire, titres de Savigny.)

1227, juillet. Alix, duchesse de Bourgogne, et Hugues, son fils, promettent d'aider le comte de Champagne;

1. *Recueil des historiens*, XX, 312 E.

ils jurent que Hugues n'épousera pas la fille de
Philippe, comte de Boulogne. (D'Arbois de Jubainville, *Histoire des comtes de Champagne*, V, 241,
n. 1773.)

1227, octobre, à Paris. Philippe accepte la garde d'Yolent,
fille du comte de Bretagne. (Ms. latin 9778, fol. 154
v°. Duchesne, *Hist. de Montmorency*, preuv. 89.)

1228, mai, à Creil. Philippe confirme une vente faite à
l'abbaye de la Victoire par Philippe Mulet, chevalier, de Sacy. (Collection Moreau, vol. 140, fol. 77.)

1228, juillet. Charte de Philippe et de Mahaud, sa femme,
pour l'église de Saint-Leu d'Esserent. (Publiée à
l'Appendice, III.)

1228, octobre. Charte de Philippe et de Mahaud, sur le
droit que l'évêque de Meaux avait de se réfugier
dans leur château de Dammartin. (Ms. latin 5528,
fol. 55. Brussel, *Usage des fiefs*, I, 401, note.)

1228, octobre. Philippe et Mahaud assignent des biens à
l'abbé et au couvent de Saint-Martin de Ruricourt,
qui leur avaient cédé le droit qu'ils pouvaient avoir
« en la forteresse de Dampmartin. » (Ancienne traduction dans le ms. français 10142, fol. 98.)

1228. Philippe et Mahaud donnent à l'abbaye du Val-
Notre-Dame une rente de 10000 harengs payable à
Boulogne. (Ms. latin 10999, p. 105.)

1228, à Calais. Philippe reconnaît que les bourgeois de
Calais lui ont prêté une somme de 8000 l. p. pour
fortifier la ville. (*Inventaire des titres d'Artois*, par
Godefroy, I, 90; vol. 396 de la Collection Moreau.)
Les travaux qui furent alors faits à Calais sont
mentionnés par l'auteur de la chronique d'Andre.
(*Recueil des historiens*, XVIII, 580 E.)

En 1229, au plus tard, Philippe Hurepel entre
dans la ligue des barons soulevés contre la reine

Blanche. Il en fut même un des principaux chefs.
« Et pour ce que, dit le sire de Joinville[1], li
» baron de France virent le roy enfant et la
» royne sa mère femme estrange, firent-il dou
» conte de Bouloingne, qui estoit oncles le roy,
» lour chievetain, et le tenoient aussi comme
» pour signour. » L'auteur de la chronique dite
de Reims[2] va jusqu'à prétendre qu'on voulait
mettre la couronne royale sur la tête de Philippe,
et Guillaume de Puy-Laurens[3] semble croire que
le comte de Boulogne aspirait à monter sur le
trône. Ce fut alors que Ferrand, comte de Flandre,
l'un des soutiens de la reine-mère, dévasta les
domaines de Philippe Hurepel dans le nord de la
France[4]. D'un autre côté, Thibaud, comte de
Champagne, partisan non moins zélé de la reine
Blanche, livrait Dammartin aux flammes[5]. Philippe se vengea en portant la dévastation dans les
terres de Thibaud[6]. Il ne tarda pas à faire sa paix

1. Edition publiée par M. de Wailly pour la Société de
l'histoire de France, p. 26.

2. *Recueil des historiens*, XXII, 306 J et 308 K.

3. *Ibid.* XIX, 223 D.

4. Chronique d'Andre, *ibid.* XVIII, 581 C-E. Alberic de Trois-
Fontaines, *ibid.* XXI, 600 G-H. Philippe Mousket, v. 27983
et s. *ibid.* XXII, 46.

5. Chronique de S. Magloire, *ibid.* XXII, 82 D.

6. Mathieu Paris. — Chronique de Saint-Médard, dans
Spicileg. éd. d'Achery, in-folio, II, 491. — Chronique de
Fécamp, dans *Recueil des histor.* XXIII, 429. — Chronique
de Sainte-Catherine du Mont de Rouen, dans *Recueil des*

avec la reine Blanche[1]. La série de ses actes, interrompue pendant plus de dix-huit mois, recommence au milieu de l'année 1230 et se poursuit sans lacune jusqu'en 1233.

1230, août. Philippe abandonne à l'abbaye de Saint-Denis les droits qu'il avait à Etrées-Saint-Denis, Moyvillers et Bailleul. (Tardif, *Monuments historiques,* p. 346, n. 800.)

1230, 25 septembre et 12 décembre. Philippe, arbitre

historiens, XXIII, 398.

1. Chronique de Reims, dans *Recueil des historiens,* XXII, 308 AF. Guillaume Fillâtre, dans la *Toison d'or* (ms. français 2621, fol. 22) raconte ainsi la réconciliation de Philippe avec son neveu : « Si manda (le roi saint Louis) à tous les princes incontinent cesser la guerre en deffandant tout oeuvre de fait, et leur offrant que s'ilz voloient quelque chose demander à Thiebaut, conte de Champaigne, son subject et son vassal, il leur feroit justice. Quant Philippe, conte de Boulongne, oyt cest edict et mandement du roy, combien qu'il le sceust, toutesfois il le pesa et juga qu'il ne lui seroit seur ne honneste guerrier contre le roy, son nepveur, ne désobéir à son commandement. Et congneut qu'il estoit deceu et circonvenu par les parens Robert, conte de Dreux, lesquelz on nommoit lors en France les Robertois, qui lui donnoient espoir de le faire roy de France, et bien apperceut que à eulx et à lui seroit impossible ce faire, veant cest cnffant saint Loys, en eage de XIIII ans, ja monstrer telle magnanimité que de soy en son enfance monstrer roy et seigneur contre telle puissance que estoient les Robertois. Si congneust son erreur, et se party d'eulx, demanda pardon et mercy au roy saint Loys, son nepveur, qui le receut en grace. »

entre Mathieu, duc de Lorraine, et Henri, comte de Bar-le-Duc. (D'Arbois de Jubainville, V, 291 et 294, n. 2060 et 2073; Teulet, II, 191, n. 2081.)

Avant 1231. Robert, évêque de Bayeux, écrit à Philippe, comte de Mortain, au sujet des franchises de l'abbaye de Cérisy. (Traduction du Cartul. de Cérisy, aux Arch. de la Manche, p. 561.)

1231, décembre. Philippe confirme un accord conclu entre l'abbaye de Chaalis et Raoul le Bouteiller. (Collection Moreau, vol. 145, fol. 71.)

1231, décembre. Philippe et Mahaud, sa femme, font un accord avec l'abbaye de Chaalis au sujet de bois situés à Commelle. (Collection Moreau, vol. 145, fol. 69.)

1231. Philippe fait construire le château de Boulogne. Le souvenir de ce fait nous a été conservé par l'inscription suivante : PHELIPES CUENS DE BOLOGNE FIUZ LE ROI PHELIPES DE FRANCE FIST FAIRE CEST CHASTEL ET FERMER LA VILLE L'AN DE L'INCARNATION M CC XXXI. SIMONS DE VILLERS FU ADONKES SENES[C]HAUS DE BOLONOIS. Cette inscription, citée par plusieurs auteurs du xviie et du xviiie siècle, a été rétablie en 1811 au-dessus de la porte d'entrée du château de Boulogne[1].

1232, août. Charte de Philippe et de Mahaud, sa femme, pour l'abbaye de Chambrefontaine, au diocèse de Meaux. (Du Plessis, *Hist. de Meaux*, II, 130.)

1232, octobre, à Verberie. Charte de Philippe et de Mahaud, sa femme, pour le prieuré du Wast. (*Inventaire des titres d'Artois*, par Godefroy, I, 92; vol. 396 de la Collection Moreau.)

1232, 1er novembre, à Cambrai. Philippe interpose sa mé-

---

1. Morand, *L'année historique de Boulogne-sur-mer*, p. 278.

diation pour terminer un différend qui existait entre le marquis et la marquise de Namur, et le comte et la comtesse de Flandre et de Hainaut. (*Inventaire des titres de Flandre*, par Godefroy; édit. publiée par la Société de Lille, p. 225 et 226, n. 561 et 562.)

1232, décembre. Saint Louis notifie au comte de Champagne une décision relative aux foires de Lagny, prise en présence de Philippe, comte de Boulogne. (Chantereau, *Traité des fiefs*, pr. 216.)

1232. Philippe donne le moulin de Bekerel à l'abbaye de Froimont. (Ms. latin 5471, p. 43.)

1233 (n. s.), janvier. Philippe reçoit une indemnité du roi pour les dommages qu'il avait éprouvés de Ferrand, comte de Flandre. (Teulet, II, 244, n. 2227.)

1233 (n. s.), février. Philippe confirme une vente faite par Adam de Sillery à Guillaume d'Aunet, dans la châtellenie de Dammartin. (Publiée à l'Appendice, IV.)

1233 (n. s.), février. Philippe confirme une vente faite par Gautier d'Aunet, sénéchal de Dammartin. (Original, Arch. de l'Empire, S. 2233, n. 42.)

1233, mai. Philippe, arbitre entre Simon, comte de Pontieu, et Robert Malet, pour la succession de Robert, comte d'Alençon. (Charte de saint Louis, publiée à l'Appendice, V.)

1233, mai, à Aumale. Charte de Philippe et de Mahaud, sa femme, pour l'abbaye de Beaupré. (Collection Moreau, vol. 147, fol. 55.)

Vers la fin de l'année 1233. Testament de Philippe. (Martene, *Thesaurus anecdotorum*, I, 988.)

Guillaume de Nangis, un continuateur de Robert du Mont, le chroniqueur de l'abbaye d'Andre,

Baudouin d'Avesnes et l'auteur de la chronique
de Sainte-Catherine au Mont de Rouen [1] sont una-
nimes à rapporter la mort de Philippe Hurepel à
l'année 1233. Alberic de Trois-Fontaines la met
parmi les événements de l'année 1234 et dit
qu'elle arriva pendant l'hiver [2]. Ces différents
témoignages sont faciles à concilier, si l'on fait
attention qu'Alberic commence l'année à Noël,
tandis que les autres auteurs la commencent à
Pâques ou à l'Annonciation. Il est donc établi par
les chroniques que Philippe Hurepel mourut dans
les premiers mois de l'année que nous comptons
1234. Les obituaires nous donneront le moyen de
fixer cette date avec une précision encore plus
rigoureuse.

Le jour auquel l'anniversaire d'un personnage
est enregistré dans un obituaire n'est pas cons-
tamment le jour même de la mort de ce personnage; mais quand les obituaires de plusieurs
églises, éloignées les unes des autres, sont d'accord pour marquer à la même époque l'anniversaire d'un prince, on peut en conclure que cet
anniversaire correspondait réellement à la date de
la mort. C'est ce que j'ai constaté pour Philippe
Hurepel, dont le nom figure au 17 janvier dans
l'obituaire de la cathédrale de Senlis [3]; au 18 jan-

1. *Recueil des historiens*, XX, 322 B et 547 C; XVIII, 345 C
et 583 CD; XXI, 162 F; XXIII, 398.

2. *Ibid.* XXI, 612 D.

3. « Eodem die obiit vir nobilis Philipus, comes Bolonie,

vier, dans les obituaires de la collégiale de Mortain[1], de l'abbaye de Saint-Denis[2], et de l'abbaye de Saint-Martin au Bois[3]; au 19 janvier dans les obituaires de Jumièges[4], et du Val-Notre-Dame[5]. On peut donc placer sans hésitation la mort de Philippe Hurepel aux environs du 18 janvier 1234, nouveau style[6]. Ce prince fut enterré dans l'abbaye de Saint-Denis[7].

quondam filius illustris regis Francorum Philippi, pro cujus beneficio habemus unum modium bladi in molendino apud calceiam de Gouvix. » Ms. latin 9975, fol. 5 v°.

1. « Obiit Philippus, comes Bolonie et Moretonii. » Ms. des Archives de la Manche. *Recueil des historiens,* XXIII, 582.

2. « Anniversarium Philippi comitis. » Mss. latins 976 et 1072. Conf. le ms. latin 1133 de Turin, cité par Pasini, II, 375.

3. Charte du mois d'août 1251 publiée à l'Appendice, IX.

4. « Philippus comes » Ms. U 50 de la Bibliothèque de Rouen. *Recueil des historiens,* XXIII, 417.

5. « Obiit..... Philippus, comes Bolonie. » Ms. latin 10999, p. 201.

6. Il ne faut pas, je pense, attacher beaucoup d'importance à l'article suivant de l'obituaire de Saint-Martin des Champs (ms. latin 17743, fol. 173 v°) : « X kalendas Februarii, obiit Philippus, comes Bononiensis, qui dedit nobis XXX libras. » Cet article est tiré d'une liste d'obits écrite au xv° siècle, et en tête de laquelle le copiste a mis une note pour prévenir qu'il travaillait d'après des notes « que olim erant indistincte et insolerter in veteri volumine quod vulgo dicitur *Obierunt* inserta. » Il est probable que sur ces notes confuses il y avait « XVI kal. Febr. » et non pas X kal. Febr. » comme a cru voir le copiste du xv° siècle.

7. Guillaume de Nangis, dans le *Recueil des historiens,* XX, 322 B. Continuateur de Robert du Mont, *ibid.* XVIII,

Des chroniqueurs de Hollande prétendent que
Philippe mourut d'un coup de lance reçu dans un
tournoi où il avait, par jalousie, fait périr Flo-
rent IV, comte de Hollande [1]. Le fait est au moins
douteux. Il faut aussi noter avec beaucoup de
réserve les bruits d'empoisonnement qui sont consignés dans la chronique de Baudouin d'Avesnes [2],
dans celle de l'abbaye d'Andre [3], et dans le poème
de Philippe Mousket [4]. On attribuait cet empoisonnement à Thibaud, comte de Champagne, dont
Philippe avait ravagé les terres avec beaucoup
d'animosité dans la dernière guerre.

La date de la mort de Philippe Hurepel se
trouve aussi déterminée par plusieurs passages
d'un compte royal de l'année 1234. En effet,
parmi les dépenses du mois de mars, nous voyons
allouer une somme de 8 livres 8 sous à un clerc,
nommé Raoul, qui était allé à Boulogne pour
prendre les féautés de la terre, et une somme de
10 livres pour achat du faucon du comte de Boulogne [5]. Sur le même compte, à la date du 21 avril
1234, figure une dépense de 100 sous pour le
voyage de Guillaume de Saint-Denis, ancien arba-

345 C. Alberic de Trois-Fontaines, *ibid.*, XXI, 612 D.

1. *Art de vérifier les dates,* chapitre des comtes de Hollande.

2. *Recueil des historiens,* XXI, 162 F.

3. *Ibid.* XVIII, 583 CD.

4. *Ibid.* XXII, 47, 48 et 58.

5. *Ibid.* XXI, 232 C.

létrier, que la cour avait envoyé près de la comtesse de Boulogne[1].

Une mort inopinée ayant enlevé Guillaume d'Aunet, chevalier, et maître Riquier, que Philippe Hurepel avait désignés, avec Simon de Lévis, pour ses exécuteurs testamentaires, Bernard, abbé de Froimont, fut choisi pour les remplacer, au mois de janvier 1235 (n. s.), par le roi et par la comtesse Mahaud[2]. Deux actes de l'année 1235[3] et de l'année 1238[4] nous apprennent que Simon de Lévis, chevalier, veilla, avec l'abbé Bernard, à l'accomplissement des dernières volontés du comte Philippe.

Il nous est parvenu au moins vingt-huit chartes de Philippe Hurepel[5]. Je n'en connais qu'une dans laquelle il prenne à la fois les titres de comte de Boulogne, de Clermont et de Dammartin. Dans

---

1. Le texte imprimé (*ibid.* 237 A) porte : « Guillelmus de Sancto Dionisio, qui fuit ballistarius, ad comitem Boloniæ, die Veneris benedicti, de dono, c sol. » Je me suis assuré que sur le rouleau original (ms. latin 9017, fol. 9) il y a *ad comit.* avec un signe d'abréviation, ce qui doit être interprété par *ad comitissam.*

2. Teulet, II, 280, n. 2332 et 2333.

3. « Frater B. Frigidi Montis dictus abbas et Simon de Levis, miles, executores testamenti Philippi, quondam comitis Bolonie. » Ms. latin 5471, p. 200.

4. Teulet, II, 374, n. 2704.

5. Aux chartes indiquées plus haut il faut ajouter l'acte par lequel Philippe avait cédé à Robert, comte de Dreux, la terre d'Alizay ; il y est fait allusion dans deux chartes de l'année 1236 ; Teulet, II, 317 et 330, n. 2449 et 2473.

six, il s'intitule comte de Boulogne et de Clermont; dans deux, comte de Boulogne et de Dammartin. Le plus souvent il s'appelle simplement
comte de Boulogne, même dans les actes où il
agit en qualité de comte de Dammartin.

M. Douet d'Arcq[1] a décrit le sceau de Philippe
Hurepel, dont il y a de nombreux exemplaires
aux Archives de l'Empire, et dont la Bibliothèque
Impériale possède deux dessins[2]. Sur le sceau, un
cavalier portant un écu fleurdelisé avec un lambel; légende : SIGILLUM PHILIPI FILII REGIS
FRANCIE. Au contresceau, une fleur de lis, sur-
montée des lettres PH.

Nous connaissons le nom de trois clercs qui
furent attachés au service du comte Philippe. —
En 1235, Maurice, jadis chapelain de feu Philippe,
comte de Boulogne, agissait comme exécuteur tes-
tamentaire de maître Maurice, chanoine de la
cathédrale d'York[3]. — Le 31 juillet 1238 Jacques
de Vitry, chevecier de l'église de Dreux, ancien
clerc de Philippe, comte de Boulogne, donna ses
livres de droit à l'abbaye de Froimont[4]; il devint

____

1. *Inventaire des sceaux,* I, 435, n. 1062.

2. Ms. latin 9981, fol. 32. Ms. latin 17113, p. 227.

3. *Cartul. de Notre-Dame de Paris,* I, 419.

4. « Ego Jacobus de Vitriaco, clericus quondam domini
Philippi comitis Bononie, nunc Drocensis capicerius, notum
[facio] quod, pro salute anime comitis memorati, qui mihi
contulit multa bona, et anime mee, donavi in puram ele-
mosinam ecclesie Frigidi Montis, apud quam una capella

plus tard chantre de la collégiale de Mortain[1]. —
Le nom d'un troisième clerc, Robert, se trouve
dans un acte de décembre 1235, qui sera indiqué
plus loin.

Les auteurs de l'*Art de vérifier les dates*, sur la
foi de Dreux du Radier, avancent que Philippe
Hurepel laissa un fils nommé Alberic, qui fut
comte de Dammartin après la mort de son père,
et qui alla s'établir en Angleterre, où il devint
beau-père du fils aîné de Simon de Montfort.
L'existence de cet Alberic repose uniquement sur
deux documents qui ne méritent aucune confiance. Le premier est une généalogie en vers
français de douze syllabes, composée probablement au XVe siècle et publiée en juillet 1757 par
Dreux du Radier dans le recueil périodique intitulé *Le Conservateur*[2]. Cette généalogie est rem-

pro anima dicti domini est constructa, omnes libros meos
legales, ubicumque et apud quemcumque fuerint, videlicet
Digestum vetus et novum, Inforciatum cum tribus partibus,
Codicem, Autenticum, Institutas et Summam domini Azonis.
Actum in vigilia beati Petri ad vincula, anno Domini
M CC XXXVIII. » (Ms. latin 5471, p. 254.) — Jacques était
encore chevecier de Dreux en 1240; Collection Moreau,
vol. 158, fol. 106. — Une charte d'octobre 1236 (*ibid.* vol. 152,
fol. 1) mentionne « Jacobus de Vitriaco, clericus nobilis
mulieris comitisse Bolonie. »

1. Charte de 1250 dans le ms. latin 5471, p. 356.

2. La Bibl. Imp. dans le ms. français 10142 en possède une
copie de l'année 1537, qui est peut-être l'exemplaire même
dont s'est servi Dreux du Radier.

plie des plus grossières inexactitudes. Ainsi elle
nous représente Philippe-Auguste faisant grâce à
Renaud de Dammartin :

> Mais Dieudonné Philippe à ma fille donna
> Son fils nommé Philippe, et tout me perdonna.

Ce qui est contredit par tous les auteurs contemporains. — A Mathieu de Trie elle substitue
Mathieu de Portugal :

> Je Matthieu, fils Aufour, du roi de Portugal issu,
> Qui par dix et huit ans comme comte a vescu.

Confusion qu'il est impossible de faire quand on
a jeté les yeux sur quelques chartes des comtes
de Dammartin du milieu du xiii⁰ siècle. Il ne faut
donc pas attacher la moindre importance aux
quatre vers suivants de la Généalogie publiée par
Dreux du Radier.

> De Dammartin fus comte et Auberi nommé,
> Fils Philippe maisné fils du roy Dieudonné ;
> En l'an mille deux cens quarante-quatre j'estoie,
> Et en ce propre tems comme comte vivoie.

Le second texte dans lequel Dreux du Radier a
voulu voir une indication d'Alberic, fils de Philippe Hurepel, est une charte sans date, par
laquelle Simon de Montfort, roi d'Angleterre, en
vue du mariage contracté entre « son très chier et
premier fils duc, » et la fille d'Alberic, comte de
Dammartin, confirme au dit Alberic deux manoirs

que le roi Simon, son père, avait donnés à Edouard de Dammartin [1]. Évidemment, cette charte ne saurait être prise au sérieux, et la mention d'Alberic, comte de Dammartin, ne supporte pas plus l'examen que le titre de roi d'Angleterre attribué aux deux Simon de Montfort. Il faut donc écarter sans aucun scrupule la charte alléguée par Dreux du Radier.

En dehors de cette charte et de la généalogie en vers, on ne rencontre aucune trace d'Alberic, fils de Philippe Hurepel; il est complétement passé sous silence dans les documents où il devrait figurer au premier rang, par exemple dans ceux qui se rapportent au réglement de la succession de ses parents. C'est donc un person-

---

1. Voici, d'après le ms. français 10142, fol. 123, le texte de cette prétendue charte :

» Symon, par la grace de Dieu, roy d'Angleterre, à tous
» noz hommes françois et angloys, salut. Saichés que j'ay
» rendu et confermé, et par ces presentes rend et conferme,
» à Alberic, conte de Dampmartin, sa terre de Noyastelinge
» Recorde et de Buzehamestede, avec leur appartenances,
» pour ce que nostre très chier et premier filz duc a espousé
» sa fille, et pour aultres causes et considerations à ce nous
» mouvans, lesquelles terres le roy Symon, mon père, donna
» à Edouart de Dampmartin, son frère, parquoy je vueil
» que luy et ses heritiers tiennent les dictes terres de moy
» et de mes hoirs en foy et hommaige, honnorablement et
» plainièrement, franchement et quittement, en me faisant
» service d'un homme d'armes. Tesmoing Philippes Atiriel,
» Willerme Malduit, chambellan du roy Symon, mon
» frère, et aultres. »

nage chimérique dont les historiens n'ont point à s'occuper.

Le seul enfant que la comtesse Mahaud ait donné à Philippe Hurepel, le seul du moins qui soit mentionné dans les textes authentiques[1], est une fille nommée Jeanne, qui épousa Gaucher de Châtillon, et dont j'aurai à parler un peu plus loin.

Du mois de janvier 1234 au mois de mai 1239, nous avons une vingtaine de chartes dans lesquelles Mahaud, veuve de Philippe Hurepel, figure seule avec le titre de comtesse de Boulogne et de Clermont. Ces chartes, dont je vais donner l'indication, prouvent que Mahaud resta veuve pendant quatre ans et demi[2].

1234 (n. s.), janvier. Mahaud fait hommage au roi. (Teulet, II, 259, n. 2266.)

---

1. « Unicam filiam reliquit. » Chronique d'Andre, dans *Recueil des historiens*, XVIII, 583 CD. — Philippe Mousket est seul à mentionner deux filles, dont il ne donne pas d'ailleurs les noms; *ibid.* XXII, 73, v. 30545. S'il y a eu deux filles, l'une d'elles est certainement morte en bas âge, et je ne crois pas qu'on doive prendre à la lettre la charte du mois d'août 1253, publiée à l'Appendice (XII), dans laquelle la comtesse Mahaud parle de sa fille Jeanne et de ses autres enfants.

2. Ce fut sans doute dans cette période qu'il fut question d'un mariage de la comtesse de Boulogne avec Simon de Montfort. Alberic de Trois-Fontaines, dans le *Recueil des historiens*, XXI, 619, CD.

1234 (n. s.), janvier. Mahaud s'engage à livrer au roi ses forteresses de Boulogne et de Calais. (Teulet, II, 259, n. 2267.)

1234. Mahaud confirme une donation faite à l'abbaye de Froimont par Renaud de Borron. (Collection Moreau, vol. 150, fol. 122. Conf. le ms. latin 5471, p. 45.)

1235 (n. s.), février. Mahaud promet fidélité au roi et s'engage à ne pas se remarier sans son consentement. (Teulet, II, 284, n. 2353.)

1235 (n. s.), février. Mahaud s'engage à ne pas marier sa fille sans le consentement du roi. (Teulet, II, 281, n. 2335.)

1235, avril. Mathieu de Trie et Simon de Lévis font trois lots du comté de Mortain et de Domfront; ils en attribuent deux au roi (Tinchebray et Domfront); et le troisième (Mortain) à la comtesse Mahaud. (Teulet, II, 287, n. 2367. *Cartul. normand*, p. 66 , n. 412.)

1235, 20 avril. Mahaud accepte le lot à elle assigné par Mathieu de Trie et Simon de Lévis. (Teulet, II, 288, n. 2368.)

1235, décembre, à la Neuville-en-Hez. Mahaud recommande aux religieux de Savigny un clerc nommé Robert, qui avait bien servi son mari, feu le comte Philippe. (Vidimus de 1291 aux Archives de l'Emp. Titres de l'abbaye de Savigny.)

1235, décembre, à la Neuville-en-Hez. Mahaud fonde dans l'hôpital de Creil une chapellenie en l'honneur de sainte Anne. (Appendice VI.)

1235. Mahaud donne à son chambellan une maison sise à Creil. (Teulet, II, 304, n. 2420.)

1235. Mahaud confirme à l'abbaye de Beaupré la vente d'une terre sise à Cauroi que lui avait faite Gervais de Milly. (Collection Moreau, vol. 154, fol. 31.)

1236, mai. Traité conclu entre le roi et Mahaud pour des

domaines situés dans la haute Normandie, etc.
(Teulet, II, 317, n. 2449.)

1236, décembre. Charte de Hugues de Châtillon, comte
de Saint-Paul et de Blois, pour le mariage de
Gaucher, son neveu, avec Jeanne, fille de Mahaud.
(Teulet, II, 330, n. 2473.)

1236. Dreu de Mello, seigneur de Mayenne, et Isabelle,
sa femme, permettent à Mahaud de faire une chaussée pour conduire à son moulin de l'Epine-le-
Comte dans l'endroit qui lui conviendra le mieux de
la forêt ou de la rivière de Caumont. (Godefroy,
Inventaire des titres d'Artois, I, 97; vol. 396 de
la Collection Moreau.)

1237, août. Mahaud donne à un clerc nommé Richard
[d'Urville] la moitié de l'église de Parigny. (Vidimus de 1291 aux Arch. de l'Emp. Titres de l'abbaye de Savigny.)

1238 (n. s.), 20 ou 27 février. « Ren. de Bier. domine
comitisse Bolonie ballivus, » atteste que Philippe
de Waudelicourt a autorisé l'abbaye de Chaalis à
posséder une vigne sise à Moigneville, près de
Liancourt. (Collection Moreau, vol. 154, fol. 13.)

1238, mai. Mahaud donne à l'église de Senlis une rente
de deux muids de blé sur le moulin de la chaussée
de Gouvieux. Cette église avait éprouvé quelque
dommage du vivier de Gouvieux que le comte Philippe avait fait établir. (Collection Moreau, vol. 154,
fol. 170.)

1238, novembre. Eudes, abbé de Saint-Denis, et la comtesse Mahaud acensent leurs bois « de Aioto. »
(Teulet, II, 393, n. 2748.)

1238, décembre, à la Neuville-en-Hez. Mahaud donne aux
moines de la chapelle de Saint-Arnoul de Clermont
une rente de blé sur le moulin de Gouvieux. (Collection Moreau, vol. 155, fol. 84.)

1239 (n. s.), janvier. Mahaud confirme une donation faite à Saint-Martin de Ruricourt par Simon de Noroy, chevalier. (Collection Moreau, vol. 155, fol. 154.)

1239 (n. s.), mars. Mahaud confirme une vente qu'Osmond de Houssoy avait faite à l'abbaye de Notre-Dame du Parc. (Collection Moreau, vol. 155, fol. 206.)

1239, mai. Mahaud confirme à l'abbaye de Chaalis deux maisons qu'elle avait achetées dans le château de Dammartin. (Collection Moreau, vol. 156, fol. 88.)

1239, mai, à la Neuville. Mahaud fonde une chapellenie dans sa maison de la Morlaie, près de Chantilly. (Collection Moreau, vol. 213, fol. 142.)

Mahaud se décida à contracter un second mariage vers le milieu de l'année 1239. La reine Blanche lui fit agréer pour époux son neveu, Alfonse, frère du roi de Portugal[1]. C'était un prince encore fort jeune, qui avait partagé l'éducation de saint Louis[2].

1. Chronique attribuée à Baudouin d'Avesnes, dans *Recueil des historiens*, XXI, 162 H. — La généalogie des comtes de Boulogne, écrite au XIII° siècle, consacre cette mention à Mahaud : « De Renaud conte et d'Idain contesse vint Mehaus, lequele Phelipes li fius au roi Felipon de France prist à feme. Après le mort le conte Felipon, eut il devant dite Mehaut, contesse de Boulogne, Anfour, roi de Portulgal. » Ms. français 375, fol. 216 v°, col. 2.

2. Il figure souvent sur le compte de la maison royale en 1234 (*Recueil des historiens,* XXI, 235-248); il est appelé dans ce document *Alfonsus nepos*, parce qu'il était neveu de la reine.

Le mariage de Mahaud avec Alfonse dut être célébré, non pas en 1238, comme l'ont dit les auteurs de l'*Art de vérifier les dates*, mais entre le mois de mai et le mois d'août 1239. A la première de ces dates, Mahaud agissait encore seule comme comtesse de Clermont; à la seconde, Alfonse portait déjà le titre de comte de Boulogne. De 1239 à 1247 le nom d'Alfonse se trouve associé à celui de Mahaud dans un grand nombre de textes, dont j'ai essayé de réunir les principaux dans la liste suivante.

1239, août. Alfonse et Mahaud reconnaissent que le roi leur a donné le fouage de leur terre de Normandie. (Teulet, II, 416, n. 2833.)

1239, décembre. Inscription commémorative de la dédicace de l'église de Cambronne [1] :

Gregorio nono papa, metropolitano
Henrico Remis, Ludovico rege, Matildis
Auffonsso sponso comitisse Boloniensis,
Presbitero plebis Guerrico Canberonensis,
In festo sacri Benedicti, mense Decembri,
Anno milleno ducenteno quadrageno
Uno substracto, fuit a pastore Roberto
Belvaci hoc templum sancto Stephano dedicatum.

1240 (n. s.), mars, à Dammartin. Charte d'Alfonse et de

---

1. Je reproduis, d'après M. Woillez (*Archéologie des monuments religieux de l'ancien Beauvoisis,* planche Cambronne, IV *bis*), le texte de cette inscription dont je dois la connaissance à M. Arthur de Marsy.

Mahaud pour Thibaud de Cressonsacq. (Arch. de l'Emp. S. 5173, n. 2.)

1240, juin. Charte d'Alfonse et de Mahaud pour Jean de Beaumont. (Publiée à l'Appendice, VII.)

1241 (n. s.), janvier. Charte de Mahaud, pour la Maison-Dieu de Dammartin. (Du Plessis, *Hist. de Meaux*, II, 143.)

1241, avril, à la Neuville-en-Hez. Alfonse confirme une vente faite à Guillaume des Vignes. (Ms. latin 17113, p. 223.)

1241, mai. Alfonse et Mahaud assignent aux religieuses de Saint-Antoine de Paris une rente de 8 l. p. en échange d'une rente de harengs qu'ils leur devaient. (Arch. de l'Emp. S. 4374, n. 17.)

1241, juin. Aux grandes fêtes de Saumur, Alfonse sert à la table de la reine Blanche. (Joinville, édit. de la Société de l'histoire de France, p. 35.)

1241, novembre. Accord entre Alfonse et Thomas, comte de Flandre. (Teulet, II, 460, n. 2947.)

1242 (n. s.), mars. Testament de Mahaud. (Collection Du Chesne, vol. 57, fol. 472. Justel, *Hist. de la maison d'Auvergne*, pr. 70.)

1242. Alfonse prend part à l'expédition dirigée contre le comte de la Marche. (Guillaume de Nangis, dans *Recueil des historiens*, XX, 338.)

1242, novembre. Déclaration de Mahaud et d'Alfonse au sujet du testament de Mahaud. (Publiée à l'Appendice, VIII.)

1242, 28 décembre. Charte d'Alfonse, pour un accord conclu avec le comte de Flandre. (Teulet, II, 485, n. 3002.)

1243, décembre. Alfonse et Mahaud promettent à Jean de Beaumont et à Jean des Vignes de s'en rapporter à l'arbitrage de l'abbé d'Ourscamp, de Mathieu de Trie et de Robert de Cressonsacq, pour régler le différend qu'ils avaient avec l'abbaye de Froimont. (Collection Moreau, vol. 162, fol. 17.)

1243. Charte d'Alfonse et de Mahaud pour l'abbaye de Chambrefontaine. (Du Plessis, *Hist. de Meaux*, II, 145.)

1244, avril. Alfonse accompagne saint Louis dans son pèlerinage de Roc-Amadour. (Chronique de Limoges, dans *Recueil des historiens*, XXI, 766 BC.)

1244, juillet. Alfonse et Mahaud donnent l'hôpital de Clermont à des religieux de l'ordre de la Trinité et des captifs. (Ms. français 4663, fol. 122.)

1244, août, à la Neuville-en-Hez. Alfonse et Mahaud confirment à l'abbaye de Froimont une masure sise à Clermont. (Collection Moreau, vol. 163, fol. 107.)

1244, septembre. Charte d'Alfonse et de Mahaud pour la reconstruction d'une chapelle dédiée à saint Thibaud et relevant de Saint-Symphorien de Beauvais. (Louvet, *Hist. du Beauvoisis*, II, 12; cité dans la *Table* de Bréquigny, VI, 65.)

1244, décembre, à Pontoise. — Alfonse confirme à l'abbaye de Savigny le moulin de Villechien. (Arch. de l'Empire, Titres de l'abbaye de Savigny.)

1245, 2 octobre, à Paris. Alfonse et Mahaud, ainsi que Robert, comte d'Artois, et Mahaud, sa femme, choisissent pour arbitres de leurs différends J. évêque d'Evreux, J. de Beaumont et Renaud de Triecoc. (Godefroy, *Invent. des titres d'Artois*, I, 174; vol. 396 de la Collection Moreau.)

Date indéterminée. Concession faite par Alfonse et Mahaud à Simon de Villers. (Indiquée dans une charte de mars 1246, n. s.; Collection Moreau, vol. 165, fol. 187.)

Date indéterminée. Concession faite par Alfonse et Mahaud aux prédécesseurs d'Ansel de l'Isle. Rappelée dans une charte de 1281 que cite Dreux du Radier (*Le*

Conservateur, juillet 1757, p. 108), et qui est copiée dans le ms. français 10142, fol. 106.

Alfonse de Portugal était encore à Paris le 2 octobre 1245 ; mais il songeait dès lors à partir pour l'Espagne. Le 8 avril précédent, il avait obtenu des indulgences du pape Innocent IV, qui l'encourageait à aller combattre les Maures[1]. Au mois d'octobre 1247, par une lettre datée de Guardan en Portugal, il pria Robert, comte d'Artois, de confirmer des donations qu'il avait faites de concert avec sa femme Mahaud[2]. L'année suivante, à la mort de son frère Sanche II, il est proclamé roi de Portugal. Peu de temps après, rompant de sa propre autorité les liens qui l'unissaient à la comtesse de Boulogne, il contracte avec Béatrix, fille du roi de Castille, un mariage qui fut censuré par la cour de Rome, et qui ne fut validé qu'après la mort de Mahaud, sur une requête que les évêques de Portugal adressèrent au pape en mai 1262[3].

Abandonnée par son époux, Mahaud veilla seule au gouvernement de ses vastes domaines. Il nous reste un assez grand nombre des actes de son administration depuis 1247 jusqu'en 1258.

1. Baluze, *Hist. de la maison d'Auvergne,* II, 102.

2. Godefroy, *Inventaire des titres d'Artois,* I, 185; vol. 396 de la Collection Moreau.

3. Baluze, *Hist. de la maison d'Auvergne,* II, 102.

1247, avril. Charte de Mahaud, pour l'abbaye du Parc-aux-Dames, à laquelle elle donne une rente de 5000 harengs sur le domaine de Boulogne. (Collection Moreau, vol. 167, fol. 136.)

1247, mai. Mahaud approuve la concession viagère que la commune de Clermont avait faite de la jauge de Clermont à Thomas de Boulogne. (Ms. français 4663, fol. 116.)

1248, juin. Robert, évêque de Beauvais, avec l'agrément d'Alfonse et de Mahaud, donne aux religieux de l'ordre de la Trinité et des captifs la Maison-Dieu de Clermont. (Collection Moreau, vol. 169, fol. 29.)

1251, juillet. Jean, abbé de Saint-Josse au Bois, reconnaît les droits de Mahaud sur une maison sise à Etaples. (Godefroy, *Inventaire des titres d'Artois*, I, 207; vol. 396 de la Collection Moreau.)

1251, août. Charte de Mahaud pour l'église de Saint-Martin au Bois. (Publiée à l'Appendice, IX.)

1251, novembre. Charte de Mahaud pour le prieuré de Wariville. (Orig. aux Archives de l'Oise. Collection Moreau, vol. 173, fol. 17.)

1251, décembre. Charte de Mahaud pour Pierre Achard. (Huillard-Bréholles, *Titres de Bourbon*, I, 65, n. 319.)

1252 (n. s.), janvier. Mahaud donne à son clerc, Robert de Douai, une rente de 20 livres et de 3000 harengs. (Godefroy, *Inventaire de la chambre des comptes à Lille*, p. 422, n. 1040.)

1252 (n. s.), mars. Mahaud confirme les franchises de l'abbaye de Cluny à Boulogne et à Wissant. (Collection Moreau, vol. 173, fol. 77.)

1253 (n. s.), février. Mahaud est arbitre d'un différend entre Isabelle de Dargies et l'abbaye de Saint-Germer. (Collection Moreau, vol. 174, fol. 47.)

1253 (n. s.), février. Mahaud donne à l'abbaye de Gomerfontaine une rente de 5000 harengs sur la vicomté de Boulogne. (*Gallia christiana*, XI, 322, note; Morand, *L'année historique de Boulogne-sur-mer*, p. 34.)

1253 (n. s.), mars. Charte de Mahaud pour les bourgeois de Calais. (Godefroy, *Inventaire des titres d'Artois*, I, 211; vol. 396 de la Collection Moreau.)

1253, avril. Charte de Mahaud pour les bourgeois de Calais. (Godefroy, *Inventaire de la chambre des comptes à Lille*, p. 431, n. 1068.)

1253, avril. Charte de Mahaud pour ses hommes de la terre de Merc. (Godefroy, *Inventaire des titres d'Artois*, I, 219; vol. 396 de la Collection Moreau.)

1253, juillet. Charte de Mahaud pour Philippe « d'Oyes, » chevalier. (Godefroy, *Inventaire des titres d'Artois*, I, 232; vol. 396 de la Collection Moreau.)

1253, août. Mahaud fonde une chapellenie dans l'abbaye de la Capelle. (Charte publiée à l'Appendice, XII.)

1254 (n. s.), janvier. Mahaud approuve la fondation d'une chapelle dans le manoir de « messire Ansoult d'Escoy, chevalier. » (Ms. français 4663, fol. 100.)

1254 (n. s.), février. Mahaud donne à Mahaud, comtesse d'Artois, le quint du comté de Boulogne. (Godefroy, *Inventaire des titres d'Artois*, I, 232; vol. 396 de la Collection Moreau.)

1255, 29 mars. Charte de Mahaud pour l'église de Saint-Jean de Doudeauville. (Godefroy, *Inventaire des titres d'Artois*, I, 243; vol. 396 de la Collect. Moreau.)

1255, 6 septembre. Mahaud est arbitre entre la ville de Calais et Foukessin le clerc, de Calais. (Godefroy, *Inventaire des titres d'Artois*, I, 240; vol. 396 de la Collection Moreau.)

1255, 2 novembre. Confirmation de chartes de l'abbaye de Chaalis par Mahaud. (Collection Moreau, vol. 176, fol. 235.)

1256 (n. s.), mars. Mahaud donne à Jean, abbé de Saint-
Corneille de Compiègne, les droits qu'elle pouvait
avoir sur la terre d'Attin. (Collection Moreau, vol.
177, fol. 101.)

1257, mai. Charte de Mahaud pour un accord conclu
entre l'abbaye de Froimont et les habitants de la
Neuville-le-Comte, ou Neuville-en-Hez. (Collection
Moreau, vol. 179, fol. 17.)

1257, septembre. Mahaud donne en fief à « Jehan Floiri »
la maison de Cantepie. (Ms. français 4663, fol. 94
v°.)

1258, 13 novembre. Confirmation des priviléges de la
commune de Boulogne par Mahaud. (Godefroy,
Inventaire des titres d'Artois, I, 32; vol. 396 de la
Collection Moreau. Conf. Morand, *L'année historique de Boulogne-sur-mer*, p. 262.)

Date indéterminée. Mahaud donne à Eudes Rigaud, arche-
vêque de Rouen, le patronage de l'église d'Alizay.
(*Polypt. Rotomag.* dans le *Recueil des historiens*,
XXIII, 248 B.)

Les dernières années de Mahaud ne furent pas
seulement attristées par l'abandon de son mari.
Elle eut encore la douleur de voir mourir, à la
fleur de l'âge, la fille unique que lui avait laissée
Philippe Hurepel, son premier mari. Cette fille,
nommée Jeanne, est mentionnée dans l'accord qui
fut conclu au mois de mai 1236, entre saint Louis
et la comtesse Mahaud[1]; le roi avait alors le bail
de Jeanne, sa cousine. La même année, au mois de

____
1. Teulet, II, 317, n. 2449.

décembre, furent arrêtées les conditions du mariage de la petite Jeanne avec Gaucher de Châtillon, neveu de Hugues de Châtillon, comte de Saint-Paul et de Blois [1]. Ce mariage, qui est indiqué dans la chronique attribuée à Baudouin d'Avesnes [2], ne tarda pas à être célébré, et au mois de mars 1242 (n. s.) Gaucher de Châtillon et Jeanne, sa femme, confirment le testament de la comtesse Mahaud. Depuis 1245 jusqu'en 1251, Jeanne figure, soit seule, soit avec son mari, soit avec sa mère, dans huit chartes qui semblent toutes se rapporter particulièrement au comté de Clermont.

1246 (n. s.), mars. Gaucher et Jeanne prient l'abbé de Saint-Denis de recevoir l'hommage de Simon de Villers. (Collection Moreau, vol. 165, fol. 187.)

1246, juillet. Gaucher s'engage à rendre au roi, quand il en sera requis, son château de Domfront. (Registre E de Philippe-Auguste, fol. 42 v°.)

1247, mai. Jeanne se joint à sa mère pour approuver une concession faite par la commune de Clermont à Thomas de Boulogne. (Ms. français 4663, fol. 116.)

1247. Charte de Jeanne et de Gaucher pour l'abbaye de Royaumont. (Ms. latin 9977, p. 81.)

1251, novembre. Charte de Jeanne pour Mathieu de Trie. (Publiée à l'Appendice, X.)

1251, novembre. Charte de Jeanne et de sa mère pour le prieuré de Wariville. (Collection Moreau, vol. 173, fol. 17.)

1. Teulet, II, 330, n. 2473.
2. *Recueil des historiens,* XXI, 163 GH.

1251, décembre. Charte de Jeanne et de sa mère pour
       Pierre Achard. (Huillard-Bréholles, *Titres de Bour-
       bon,* I, 65, n. 319.)
1251, 28 décembre, à la Neuville-en-Hez. Charte de
       Jeanne, dame de Châtillon et héritière du comté de
       Clermont, pour la Maison-Dieu de Saint-Jean de
       Beauvais. (Collection Moreau, vol. 173, fol. 22;
       conf. Huillard-Bréholles, *Titres de Bourbon,* I, 66,
       n. 320.)
1251, décembre. Charte de Jeanne pour l'église de Saint-
       Leu. (Publiée à l'Appendice, XI.)

Je n'ai plus rencontré aucune trace de Jeanne
après le mois de décembre 1251. C'est à cette
date qu'elle fit un testament par lequel elle donna
à sa mère la part qui pouvait lui revenir de l'héritage de son père Philippe Hurepel, et notamment
ses droits sur le comté de Dammartin[1]. Tout
porte à croire qu'elle mourut peu après avoir
fait ce testament, c'est-à-dire moins d'un an après
son mari, dont les exploits à la croisade ont été si
vivement retracés par le sire de Joinville[2]. Une
partie de sa succession fut partagée entre ses cousins le roi saint Louis, Alfonse, comte de Poitiers,
Charles, comte d'Anjou, et Robert, comte d'Artois[3]. Sur le sceau de Jeanne était représentée

1. Baluze, *Hist. de la maison d'Auvergne,* II, 101.
2. Edit. de M. de Wailly dans la collection de la Société
de l'Histoire de France, p. 91 et suiv.
3. Lettre d'Alfonse, datée de Longpont, le lundi avant la
quinzaine de Chandeleur, publiée par Duchesne, *Hist de la*

une dame, avec une légende qui devait probablement se lire ainsi : † S. JOHANNE [FILIE] COMITISSE BOLONIE UXORIS GALCHERI DE CASTELLIONE ; au contresceau, deux écus ; l'un, ayant la pointe en l'air, semé de fleurs de lis avec un lambel (armes de Philippe Hurepel) ; l'autre, la pointe en bas, chargé de trois pals de vair avec un chef (armes de Gaucher de Châtillon)[1].

La comtesse Mahaud survécut sept ans à sa fille. Le dernier de ses actes qui soit venu à ma connaissance est une confirmation des priviléges de la commune de Boulogne le 13 novembre 1258. Nous avons d'ailleurs deux actes du 13 février 1259 (n. s.)[2], et du 3 juin suivant[3], dans lesquels il est question du partage de la succession de feu la comtesse de Boulogne. Mahaut mourut donc entre le 13 novembre 1258 et le 13 février 1259. L'anniversaire de cette dame était célébré dans l'église de Boulogne le 14 janvier[4]. C'était aussi le

---

maison de Chastillon, preuves, p. 84. — « Feodum de Briencon [devenit ad dominum regem] per mortem comitissæ Sancti Pauli, filiæ comitis Boloniæ. » *Scripta de feodis, e Philippi Augusti regis excerpta*, § 97, dans le tome XXIII du *Recueil des historiens*, p. 629.

1. Voyez le ms. latin 9977, p. 81 ; et le vol. 165 de la Collection Moreau, fol. 188.

2. Baluze, *Hist. de la maison d'Auvergne*, II, 103. Conf. Morand, *L'année historique de Boulogne-sur-mer*, p. 51.

3. Appendice, XIII.

4. *Art de vérifier les dates*, chapitre des comtes de Boulogne.

14 janvier que les chanoines de Mortain faisaient mémoire de la comtesse Mahaud, qui avait donné mille livres pour la réparation de leur église[1]. On peut donc tenir pour parfaitement établi que la comtesse Mahaud mourut le 14 janvier 1259 (n. s.). Cette date s'accorde parfaitement avec la chronique de Savigny qui rapporte à l'année 1258 (v. s.) la mort de Mahaud[2].

La comtesse de Boulogne et de Dammartin, dont je viens de rappeler les actes, a successivement employé deux sceaux. Sur le premier, dont elle s'est servie du vivant de Philippe Hurepel et jusqu'à son mariage avec Alfonse de Portugal, elle est représentée debout; légende : SIGILLUM MALTIDIS USORIS PHILIPI FILII REGIS FRAN-CIE ; au contresceau écu fleurdelisé avec un lambel (armes de Philippe Hurepel)[3]. Sur le second sceau de Mahaud, se voit également une dame debout; légende : SIGILLUM MATILDIS COMI-TISSE BOLONIE MORETONII CLARIMONTIS ET DANMARTINI[4]. On trouve joints à ce second

1. Obituaire de Mortain, aux Archives de la Manche. *Recueil des historiens,* XXIII, 582.

2. Baluze, *Miscellanea,* II, 321. *Recueil des historiens,* XXIII, 586.

3. Douet d'Arcq, *Inventaire des sceaux,* I, 434, n° 1060. Ms. latin 17113, p. 227.

4. Douet d'Arcq, *Inventaire des sceaux,* I, 435, n. 1061. Ms. latin 9977, fol. 67. Ms. latin 9981, fol. 60. Ms. latin 17113, p. 226. Collection Moreau, vol. 163, fol. 108.

sceau deux contresceaux différents; l'un a une légende française : BENEITE SEIENT..... IES FURENT[1]; l'autre, une légende latine: SECRETUM MATILDIS COMITISSE BOLONIENSIS[2]. Sur l'un et l'autre contresceau le graveur a figuré deux écus : l'un ayant la pointe en l'air semé de fleur de lis avec un lambel (armes de Philippe Hurepel); l'autre, la pointe en bas, fascé avec une bordure (armes de Dammartin). — Le sceau d'Alfonse de Portugal, second mari de Mahaud, représentait un cavalier, avec la légende : ALFONSUS FILIUS REGIS PORTUGALIE COMES BOLONIE. Au contresceau, écu parti, au 1 semé de fleurs de de lis, au 2 fascé avec une bordure[3].

Le partage de la succession de Mahaud donna naissance à des procès fort longs et fort compliqués dont il serait inutile de présenter l'analyse. Il suffit de constater que le comté de Dammartin échut à Mathieu de Trie; le comté de Boulogne à Robert, comte d'Auvergne; différentes terres de Normandie à Otton, comte de Gueldre[4]; les comtés

1. Douet d'Arcq, *Inventaire des sceaux,* I, 435, n. 1061.
2. Ms. latin 17113, p. 226.
3. Douet d'Arcq, *Inventaire des sceaux,* I, 435, n. 1063. Collection Moreau, vol. 163, fol. 108.
4. Charte du 4 mars 1261 (n. s.), dans la Collection Moreau, vol. 184, fol. 16. C'était de la succession de Mahaud que venait le domaine de Harfleur que Philippe le Hardi acquit de Renaud, comte de Gueldre, fils d'Otton. *Cartul. normand,* p. 247, n. 971. — « (Anno 1268, die 24 Augusti), fecit comes Guerrelensis homagium domino regi de placito spadæ quod

de Mortain et de Clermont firent retour à la couronne. Je ne dois m'occuper ici que du comté de Dammartin, et j'espère n'avoir pas grand peine à démontrer qu'il fut possédé sans interruption par Mathieu de Trie depuis 1259, c'est-à-dire depuis la mort même de Mahaud, jusqu'en 1272.

Mathieu de Trie était par sa mère petit fils d'Alberic, comte de Dammartin, mort à Lillebonne le 20 septembre 1200 [1]. Il était donc cousin germain de la comtesse Mahaud, et il figure en cette qualité dans plusieurs actes, notamment dans un du mois de février 1235 (n. s.) [2], dans un autre de mars 1242 (n. s.) [3], et dans un troisième de novembre 1251 [4]. A partir de 1259 il porta le titre de comte de Dammartin, comme on peut s'en convaincre en parcourant les textes dont j'ai cru devoir donner ici l'indication.

1259, octobre. Donation faite à l'abbaye de Marchéroux par Mathieu, comte de Dammartin, seigneur de

---

habet apud Hareflue ratione uxoris suæ.» *Scripta de feodis e Philippi Augusti regestis excerpta*, § 341, dans le t. XXIII du *Recueil des historiens*.

1. Il y a dans le petit cartulaire de l'Hôtel-Dieu de Paris, au fol. 146, une charte de cet Alberic ainsi datée : « Anno ab incarnatione Domini MCC, duodecimo kalendas Octobris, qua vero die ab hoc seculo transii. Actum apud Lisleboniam. »

2. Teulet, II, 282, n. 2338.

3. Testament cité plus haut.

4. Publié à l'Appendice, X.

Trie et de Mouchy-le-Châtel. (Citée dans une note du xviie siècle, au Cabinet des titres, boîtes de d'Hozier, au mot Trie. Conf. P. Anselme, VI, 663.)

1259. Au parlement des octaves de la Nativité Notre-Dame, le comte de Dammartin était en procès avec le comte de Saint-Paul pour le fait du comté de Boulogne. (*Olim,* I, 456.)

1263 (n. s.), février. Mathieu de Trie, comte de Dammartin, confirme une vente faite à l'abbaye de Saint-Denis par Simon d'Erqueri. (Original aux Arch. de l'Emp. S. 2233, n. 39 A, et *Cartul. blanc de S.-Denis,* I, 767, col. 2.)

1264, mai. Deux chartes de Mathieu, comte de Dammartin, pour l'abbaye de Gomerfontaine. (Copies modernes, Arch. de l'Emp. K. 191, n. 93 et 94.)

1264, décembre. Mathieu, comte de Dammartin, seigneur de Trie et de Mouchy, confirme une donation qu'il avait faite cinq ans auparavant, du consentement de sa femme Marsile, à l'abbaye de Gomerfontaine, pour l'âme de Mahaud, comtesse de Boulogne. (Copie moderne, Arch. de l'Emp. K 191, n. 95.)

1265, septembre. Charte de Jean de Trie, chevalier, fils de Mathieu, comte de Dammartin, pour l'abbaye de Froimont. (Ms. latin 5471, p. 151.)

1265, 17 octobre. Mathieu de Trie, comte de Dammartin, siège à Rouen à la cour féodale de l'archevêque de Rouen. (*Reg. visit. archiep. Rothom.* éd. Bonnin, 528.)

1265. Au parlement des octaves de la Toussaint, procès entre Mathieu de Trie, comte de Dammartin, et la dame de Sailleville. (*Olim,* I, 618.)

1266, juillet. Mathieu, comte de Dammartin et seigneur de Trie, confirme une donation faite à l'abbaye de Gomerfontaine par Gautier de Courcelles. (Copie moderne, Arch. de l'Emp. K. 191, n. 96.)

1267. Au parlement des octaves de la Pentecôte, la haute justice de Mouchy est adjugée au comte de Dammartin. (*Olim,* I, 255.)

1268 (n. s.). Au parlement des octaves de la Chandeleur, Baudouin de Fiennes transporte à son neveu Guillaume de Fiennes les droits qu'il avait à faire valoir contre le comte de Dammartin sur une partie des acquêts de la comtesse de Boulogne et de Jeanne, sa fille. (*Olim,* I, 707.)

1268, novembre. Mathieu de Trie, comte de Dammartin, confirme une vente faite à l'abbaye de Gomerfontaine par Gilbert Guerlain de Trie-la-Ville. (Copie moderne, Arch. de l'Emp. K. 191, n. 99.)

1268. Au parlement des octaves de la Toussaint, les acquêts faits par Philippe, comte de Boulogne, et par Mahaud, sa femme, sont adjugés à Mathieu, comte de Dammartin, et aux autres héritiers de Mahaud. L'arrêt porte que Mahaud avait eu tous les acquêts faits du vivant de son mari, parce que la moitié revenant aux héritiers du mari lui avait été donnée par sa fille. (*Olim,* I, 261.)

1269 (n. s.). Sur le compte de la Chandeleur, mention de la succession de la comtesse de Boulogne, de nouveau rendue par le roi au comte de Dammartin. (*Recueil des historiens,* XXII, 748 et 749.)

1269 (n. s.). Au parlement des octaves de la Chandeleur, jugement d'où il résulte que le comte de Dammartin fit épouser à son fils Thibaud Jeanne, fille de Guillaume de Boury. (*Olim,* I, 290.)

1271 (n. s.). Au parlement de la Chandeleur, Jean de Fayel, chevalier, est remis en saisine de 30 livres de rente que lui contestait le comte de Dammartin. (*Olim,* I, 845.)

1271. Au parlement de la Pentecôte, le comte de Dammartin est condamné à indemniser Michel de Mautort. (*Olim,* I, 382 et 383.)

1271, juin. Renaud de Picquigny, chevalier, vend au roi des bois venant de la succession de Mahaud, comtesse de Boulogne, et qu'il avait eus par échange de Mathieu de Trie, comte de Dammartin. (Original aux Arch. de l'Emp. J. 732, n. 81.)

1271, août. Mathieu de Trie, comte de Dammartin, abandonne les droits de champart qu'il avait sur quelques terres de l'abbaye de Gomerfontaine. (Copie moderne, aux Arch. de l'Emp. K. 191, n. 100.)

1271. Le comte de Dammartin fournit quatre chevaliers pour l'ost de Foix. (*Recueil des historiens*, XX, 541 C.)

1272 (n. s.), mars. Charte de Mathieu, comte de Dammartin, pour l'abbaye de Chaalis. (Ms. latin 9983, fol. 23 v°; ms. latin 9984, fol. 76.)

1272, mai. Charte de Mathieu, comte de Dammartin, seigneur de Trie, pour l'abbaye de Chaalis. (Publiée à l'Appendice, XIV.)

1272, mai. Mathieu, comte de Dammartin et seigneur de Trie, reçoit 300 livres pour confirmer un échange conclu entre l'abbaye de Chaalis et Jean de Tilly. (Ms. latin 9978, p. 61 ; ms. latin 17113, p. 221.)

1272, octobre. Charte de Mathieu, comte de Dammartin et seigneur de Trie, pour l'abbaye de Chaalis. (Ms. latin 9983, fol. 27 v°.)

Date indéterminée. Mathieu de Trie, comte de Dammartin, fait recevoir par Eudes Rigaud, archevêque de Rouen, un clerc à la cure de Notre-Dame de Frênes. (*Polypt. Rotom.* dans le *Recueil des histor.* XXIII, 325 F.)

Ces textes, au nombre de plus de vingt, prouvent jusqu'à l'évidence que Mathieu de Trie a succédé à Mahaud comme comte de Dammartin. Si

les bénédictins les avaient connus, ils auraient à
coup sûr inscrit sur leur liste le nom de Mathieu,
auquel ils ont substitué le nom de Renaud,
trompés par un passage du sire de Joinville, qui
a besoin d'une courte explication. « La léaultei dou
roy, dit l'historien de saint Louis, peut l'on veoir
ou fait de monseignour Renaut de Trie, qui
apporta au saint unes lettres, lesquiex disoient
que li roys avoit donnei aus hoirs la contesce de
Bouloingne, qui morte estoit novellement, la contée
de Danmartin en Gouere. Li seaus de la lettre
estoit brisiez, si que il n'i avoit de remenant fors
que la moitié des jambes de l'ymaige dou seel le roy,
et l'eschamel sur quoy li roys tenoit ses piez. Et il
le nous moustra à touz qui estiens de son consoil,
et que nous li aidissiens à conseillier. Nous deismes
trestuit, sanz nul descort, que il n'estoit de riens
tenu à la lettre mettre à exécution. Et lors il dist
à Jehan Sarrazin, son chamberlain, que il li bail-
last la lettre que il li avoit commandée. Quant il
tint la lettre, il nous dist : « Signour, véez ci le
seel de quoy je usoie avant que je alasse outre
mer, et voit on cler par ce seel que l'empreinte
dou seel brisié est semblable au seel entier ; par
quoy je n'oseroie en bone conscience la dite contée
retenir. » Et lors il appela monsignour Renaut
de Trie et li dist : « Je vous rent la contée[1]. »

1. Edition de M. de Wailly dans la collection de la Société
de l'histoire de France, p. 24.

De ce passage il résulte qu'après la mort de Mahaud un héritier de cette dame réclama le comté de Dammartin, en vertu d'une lettre du roi antérieure à l'année 1248 et que le roi accueillit cette réclamation, quoique la lettre produite n'eût aucune valeur puisque le sceau en était brisé. Toutes ces circonstances se concilient bien avec ce que nous avons appris des actes authentiques, analysés plus haut. Il est fort naturel qu'avant l'année 1248, Mahaud, prévoyant le cas où elle viendrait à mourir sans enfants, ait fait déclarer par saint Louis que Dammartin serait dévolu à tel ou tel de ses héritiers collatéraux. Il est aussi fort naturel qu'après la mort de Mahaud le comté de Dammartin ait été saisi au nom du roi : cette saisie semble même formellement indiquée par un compte de l'année 1269 (n. s.), dans lequel on lit ces mots : « De rachato eschaetæ comitissæ Boloniæ, redditæ de novo per dominum regem comiti de Domno Martino....[1]. » Le récit du sire de Joinville est donc fort vraisemblable. Il n'y faut changer qu'un seul mot, le nom de l'héritier de Mahaud. Qu'on mette Mathieu de Trie, au lieu de Renaud de Trie, tout s'expliquera sans la moindre difficulté. L'erreur que je crois pouvoir corriger était d'autant plus excusable dans la bouche de Joinville, qu'à l'époque où il dictait ses souvenirs le comté de Dammar-

---

1. *Recueil des historiens,* XXII, 748 et 749.

tin appartenait à un Renaud de Trie. Dans aucun cas, l'autorité isolée d'un historien, qui composait de mémoire plus de trente ans après les événements, ne saurait prévaloir contre le témoignage unanime de vingt documents authentiques et contemporains. Il faut donc insérer sans la moindre hésitation le nom de Mathieu de Trie sur le catalogue des comtes de Dammartin pour la période comprise entre les années 1259 et 1272.

Mathieu de Trie, pendant qu'il a possédé le comté de Dammartin, s'est servi d'un sceau sur lequel il est représenté à cheval avec un écu chargé d'une bande; légende: SIGILLUM MATHEI COMITIS DUMNI MARTINI DOMINI DE TRIE ET DE MONCHI. Au contresceau, deux écus : l'un, la pointe en l'air, fascé avec une bordure (armes de Dammartin); l'autre, la pointe en bas, chargé d'une bande (armes de la famille de Trie); légende : SECRETUM MATHEI COMITIS DUMNI MARTINI [1].

De sa femme Marsile [2], Mathieu laissa, entre autres enfants, Jean, qui, comme son père, fut à la fois comte de Dammartin, seigneur de Trie et de Mouchy-le-Châtel. La série des actes dans

---

1. Douet d'Arcq, *Inventaire des sceaux,* I, 373, n. 688. Ms. latin 17113, p. 221.

2. Marsile est mentionnée dans deux chartes de son mari en octobre 1259 et en décembre 1264. Les généalogistes modernes rattachent cette dame à la famille de Montmorency.

lesquels paraît Jean de Trie, comte de Dammartin, ne présente aucune lacune depuis 1274 jusqu'en 1298.

En voici l'énumération sommaire.

1274 (n. s.), mars. Charte de Jean, comte de Dammartin, seigneur de Trie et de Mouchy-le-Châtel, et de
dame Yolent, sa femme, pour l'abbaye de Chaalis.
(Ms. latin 17113, p. 337. Collection Moreau, vol.
198, fol. 44.)

1275 (n. s.), mars. Jean, comte de Dammartin, seigneur
de Trie et de Mouchy-le-Châtel, affranchit de la
banalité de ses pressoirs le prieuré de Saint-Jean
du Vivier. (Collection Moreau, vol. 198, fol. 368.)

1275. Au parlement de la Toussaint, arrêt pour régler
l'hommage que le comte de Dammartin et le comte
de Dreux devaient faire au roi. (*Olim,* II, 69 et 70.)

1275. Au parlement de la Toussaint, arrêt relatif à l'hommage que Jean, comte de Dammartin, doit faire au
roi pour le vivier de Gouvieux, qui lui était échu
à la mort de son frère Simon. (*Olim,* II, 70.)

1275, 4 décembre. Jean, comte de Dammartin, permet à
Jean de Marines de recevoir l'hommage d'un fief
situé à Neuilly-en-Thelle. (Collection Moreau, vol·
199, fol. 130.)

1276, août. Jean, comte de Dammartin, seigneur de Trie
et de Mouchy-le-Châtel, confirme des chartes de
Geoffroi le Bouteiller et d'Anselme de Lusarches
pour l'abbaye de Chaalis. (Supplément à D. Grenier,
vol. 329, n. 11 et 12. L'une de ces chartes est publiée
à l'Appendice, XV.)

1278. Au parlement de la Toussaint, de même qu'au
parlement de la Pentecôte 1280, il est question
d'une assiette de terre que le comte de Dammartin

avait faite à Renaud de Trie, son neveu. (*Olim*, II, 116 et 155.)

1278, 3 décembre. Lettre de Nicolas III adressée à Jean, comte de Dammartin, et à différents barons de France, au sujet d'une subvention que réclamait Philippe le Hardi. (Original, Arch. de l'Emp. J. 449, n. 108.)

1278, décembre. Charte d'Ansel le Bouteiller, seigneur de Luzarches, au sujet d'un droit de gruerie qui appartenait en partie à Jean, comte de Dammartin. (Dans une charte de Philippe le Bel, du mois d'août 1293, aux Arch. de l'Emp. J. 238, n. 38.)

1279. Au parlement de la Toussaint paraît le comte de Dammartin. (*Olim*, II, 144.) — Au même parlement, il est reconnu que le comte de Dammartin a le droit de chasser la grosse bête dans la forêt de Chantilly, la haute justice de Saint-Soupplets, et par moitié avec le seigneur de la Morlaye la justice de la Morlaye. (*Restitution d'un volume des Olim*, n. 377, 387 et 398, dans les *Actes du parlement* de M. Boutaric, I, 357, 358 et 360.)

1280 (n. s.), février. Charte de Jean, comte de Dammartin, seigneur de Trie et de Mouchy, pour l'abbaye de Chaalis. (Ms. latin 9984, fol. 62.)

1280, août. Jean, comte de Dammartin, seigneur de Trie et de Mouchy, confirme un échange fait entre l'abbaye de Saint-Denis et Gautier de Neuilly, archidiadre de Cotentin en l'église de Coutances. (*Cartul. blanc de S.-Denis*, I, 774.)

1280, 1er novembre. En l'église de « Saint-Aubin dess. Arches, » à l'heure de la messe, après l'évangile, le comte de Dammartin « et toute la vilée de Saint-Aubin sur Arches, » cèdent à l'archevêque de Rouen les droits qu'ils avaient en la forêt d'Alihermont. (*Cartul. de Philippe d'Alençon*, aux Arch. de la Seine-Inférieure, fol. 343 v°.)

1281. Au parlement des octaves de la Saint-Martin, il est
    reconnu que le comte de Dammartin a le droit de
    chasse en la forêt de Coye, et qu'il n'a pas ce droit
    dans le domaine de Jean de Chantilly, en la forêt de
    Chantilly. (*Restitution d'un volume des Olim*, n. 459
    et 469, dans les *Actes du parlement*, I, 370 et 371.)

1281, décembre. Jean de Trie, comte de Dammartin, auto-
    rise les Templiers à acquérir en ses fiefs 120 ar-
    pents de bois. (Orig. aux Arch. de l'Emp. S. 5173,
    n. 46.)

1282 (n. s.), février. Charte de Jean, comte de Dammar-
    tin, pour l'abbaye de Froimont. (Ms. latin 5471,
    p. 143 et 231.)

1282, 29 août. Jean de Trie, comte de Dammartin, met
    les Templiers en saisine de biens que leur avait
    donnés Ansel de l'Isle. (Dreux du Radier, dans *le
    Conservateur*, juillet 1757, p. 109 et 113.)

1282. Le comte de Dammartin va au secours du roi de
    Sicile. (*La branche des royaux lignages*, dans
    Recueil des historiens, XXII, 212 F.)

1284, novembre. Jean, comte de Dammartin, ratifie une
    vente faite à l'abbaye de Saint-Denis par Mathieu de
    Trie, seigneur de Fontenoy. (*Cartul. blanc de S.-
    Denis*, I, 909.)

1285 (n. s.), 22 mars. Jean, comte de Dammartin, con-
    firme plusieurs biens de l'abbaye de Gomerfontaine,
    et notamment ce qui lui avait été donné par son
    père, Mathieu, comte de Dammartin. (Copie aux
    Arch. de l'Emp. K. 191, n. 105.)

1285. Le comte de Dammartin prend part à l'expédition
    d'Aragon. (Continuation de la Chronique de Gérard
    de Frachet, dans le *Recueil des historiens*, XXI, 6.
    Tablettes de Pierre de Condé, *ibid.* XXII, 482, 483,
    484 et 487. Compte de Jean d'Ays, *ibid.* 678.)

1287. Sur le compte des manteaux distribués aux frais du
    du roi, à la Pentecôte 1287, figure le comte de

Dammartin. (*Recueil des historiens*, XXII, 760.)

1289, 9 mai. Jean, comte de Dammartin, amortit une acquisition faite par l'abbaye de Chaalis à Villeneuve-sous-Dammartin. (Collection Moreau, vol. 209, fol. 235.)

1290. Au parlement de la Pentecôte, le comte de Dammartin était en procès avec l'évêque de Beauvais et avec les habitants de Gouvieux. (*Olim*, II, 303, et *Restitution d'un volume des Olim*, n. 728, dans *Actes du parlement*, I, 429.)

1293, avril. Jean, comte de Dammartin, Yolent, sa femme, et Renaud, leur fils, transigent avec les religieux de Saint-Martin de Ruricourt. (Ms. français 10142, fol. 98 v°. C'est sans doute la charte qui est citée, avec la date de 1288, par Dreux du Radier, dans *le Conservateur*, juillet 1757, p. 106 et 113.)

1295, 27 septembre, à Trie-le-Châtel. Jean, comte de Dammartin, arbitre entre l'abbaye de Gomerfontaine et Robert de Mortefontaine, écuyer. (Copie aux Arch. de l'Emp. K. 191, n. 108.)

1296. Au parlement de la Toussaint, il est reconnu que : 1° les habitants de Gouvieux ont les droits de pâturage à eux constatés par le comte de Dammartin; 2° le comte de Dammartin a des droits de chasse dans les bois de Gisors. (*Restitution d'un volume des Olim*, n. 897 et 909, dans *Actes du parlement*, I, 458 et 459.)

1298. Assiste au parlement le comte de Dammartin. (*Olim*, II, 423.)

1298, septembre. Philippe le Bel confirme les conditions du mariage de Henri de Vergy avec Mahaud, fille de Jean, comte de Dammartin. (Duchesne, *Hist. de la maison de Vergy*, preuves, p. 224.)

A partir de 1298 je ne trouve plus de mention

authentique de Jean, comte de Dammartin, et je ne sais si c'est à lui ou à son successeur qu'il faut attribuer un texte du mois d'août 1300 relatif à un procès du comte de Dammartin qui était pendant au parlement [1]. Jusqu'à nouvel ordre, il sera prudent d'inscrire sur le catalogue des comtes de Dammartin le nom de Jean de Trie, avec les années 1274 et 1298, comme dates extrêmes. Les auteurs de l'*Art de vérifier les dates* ont donc été induits en erreur quand ils ont fait commencer l'administration de Jean de Trie « en 1298 au plus tôt, » et qu'ils l'ont prolongée jusqu'au 18 août 1304. C'est à tort qu'ils ont cru que ce comte était mort à la bataille de Mons-en-Puelle ; nous verrons tout à l'heure que Renaud, fils de Jean, avait succédé à son père avant cette journée. On pourrait, au premier abord, supposer que Jean de Trie périt le 11 juillet 1302 dans le désastre de Courtray. En effet, la chronique attribuée à Jean des Nouelles [2] compte parmi les victimes de Courtrai « li contes de Dompmartin. » Mais il y a là une confusion : l'auteur a pris pour le comte de Dammartin un de ses parents, probablement son neveu [3], Renaud de Trie, dont la mort est expressément indiquée dans le récit de la bataille de

1. *Olim,* III, 37.

2. *Recueil des historiens,* XXI, 191 G et 194 J.

3. Arrêts du parlement de 1278 et 1280, cités plus haut, d'après les *Olim,* II, 116 et 155.

Courtrai par le continuateur de Guillaume de Nangis[1] et par le rédacteur anonyme de la chronique de la guerre entre Philippe le Bel et Gui de Dampierre[2].

Pour en finir avec Jean de Trie, comte de Dammartin, je dois décrire le sceau qui est appendu à ses actes et dont il existe peut-être deux types avec d'assez légères différences. Sur la face, un cavalier à l'écu fascé et bordé ; légende : SIGILLUM JOHANNIS COMITIS DE DOMNO MARTINO DOMINI TRIE ET DE MONCHIACO. Au contresceau, écu fascé et bordé ; légende : S[ECRETUM] JOHANNIS COMITIS DE DOMNO MARTINNO[3].

Jean de Trie se maria deux fois, d'abord à Ermengarde, pour laquelle il fit une fondation dans l'abbaye de Froimont[4], puis à Yolent de Dreux, mentionnée avec son mari en mars 1274 dans une charte de l'abbaye de Chaalis[5], en 1275 dans un arrêt du parlement[6], et en 1288 dans

---

1. « Reginaldus de Tria, emeritus miles. » *Recueil des historiens*, XX, 585 D et 586, note 1, col. 2. Conf. les Chroniques de Saint-Denis (*ibid.* 671 B), et la continuation de Girard de Frachet (*ibid.* XXI, 20 E).

2. *Corpus chronic. Flandriæ,* IV, 473.

3. Douet d'Arcq, *Inventaire des sceaux,* I, 373, n. 689 et 690. Ms. latin 17113, p. 221. Ms. latin 5471, p. 143.

4. Charte de février 1282 (n. s.) dans le ms. latin 5471, p. 231.

5. Ms. latin 17113, p. 337.

6. *Olim,* II, 69 et 70.

une charte de Saint-Martin de Ruricourt[1]. Elle fit
son testament le 11 février 1310 (n. s.), et mourut avant le 16 juillet 1313[2]. Le sceau d'Yolent
représente une dame entre deux écus, l'un échiqueté avec une bordure chargée de besans, l'autre
échiqueté avec une simple bordure. Légende :
SEEL YOLENT FILLE JEHAN JADIS CONTE DE
DREUES. Au contresceau, écu losangé ; légende :
SIGILLUM SECRETI NOSTRI[3].

Un arrêt du parlement, du mois de novembre
1304[4], nous apprend qu'à cette époque le comté
de Dammartin était possédé par Renaud de
Trie, fils aîné de Jean et d'Yolent. J'ignore à
quelle date précise Renaud avait succédé à son
père ; mais dès le mois de mai 1304 il portait le
titre de comte de Dammartin. Nous savons, en
effet, par le Mémorial des histoires de Jean de
Saint-Victor, qu'au mois de mai 1304 Philippe le
Bel envoya contre les Flamands un jeune homme
connu par sa valeur, Renaud, comte de Dammartin[5]. Comme j'ai limité mes recherches au XIIIe

1. Dreux du Radier, dans *le Conservateur,* juillet 1757,
p. 106 et 113.

2. Copie d'une charte de l'abbaye de Gomerfontaine, aux
Arch. de l'Emp. K 191, n. 111.

3. Ms. latin 17113, p. 338.

4. *Olim,* II, 468.

5. « Finitis treugis inter regem Philippum et Flandrenses
in medio Maii (1304), rex misit comitem Domni Martini
Reginaldum, juvenem strenuum in bellis et fortem. » *Recueil
des historiens,* XXI, 642 E.

siècle, je ne donnerai pas le détail des actions de Renaud, qui d'ailleurs ne fournit pas une longue carrière, puisqu'il n'était plus en vie le 9 août 1318[1].

Pour résumer en peu de mots les développements dans lesquels j'ai dû entrer, je proposerai de fixer ainsi la succession des comtes de Dammartin au XIII⁰ siècle.

Renaud I, dépouillé vers 1214.

Philippe Hurepel, gendre de Renaud Ier, depuis février 1224, ou environ, jusqu'au 18 janvier 1234, ou environ.

Mahaud de Dammartin, veuve de Philippe Hurepel, remariée en 1239 à Alphonse de Portugal, morte le 14 janvier 1259. — A Mahaud fut associée pendant quelque temps Jeanne, sa fille du premier lit, qui épousa vers 1236 Gaucher de Châtillon, mort en 1251, et qui mourut elle-même vers le commencement de l'année 1252.

Mathieu de Trie, cousin de Mahaud, depuis 1259 jusqu'en 1272 au moins.

Jean de Trie, fils de Mathieu, depuis 1274 au moins, jusqu'en 1298 au moins.

Renaud II de Trie, fils de Jean, depuis le mois de mai 1304 au moins, mort avant le 9 août 1318.

Cette liste, d'après laquelle pourront être également remaniés les catalogues des comtes de

____

1. *Olim,* III, 1442 et 1443.

Boulogne et de Clermont, présente assez de différences avec la liste de l'*Art de vérifier les dates*
pour me faire pardonner la longueur des observations que j'ai l'honneur de communiquer à la
Société, et qui, dans le principe, devaient se
réduire à une note de quelques lignes sur un passage de l'ancien pouillé de Rouen, compris dans
le tome XXIII du Recueil de nos historiens.

L. DELISLE.

APPENDICE.

I. Charte de Philippe Hurepel, pour l'abbaye de la Victoire. (Février, mars ou commencement d'avril 1224, nouveau style.)

Ego Philippus, comes Bolonie et Clari Montis et Donni Martini, notum facio tam presentibus quam futuris quod, de assensu et voluntate Mathildis, uxoris mee, ob remedium animarum nostrarum et parentum nostrorum, dedi ecclesie Beate Marie de Victoria medietatem griarie, que mea erat, in centum arpennis bosci, ad regis perticam mensurati, sitis apud Coyam, juxta vivaria ejusdem ecclesie, quos bone memorie rex Philippus, progenitor meus, predicte ecclesie, quam ob memoriam victorie quam sibi Dominus in Bovinarum bello contulit juxta Silvanectum edificari fecit, in perpetuum pacifice possidendos donavit, et Ludovicus, filius ejus, post patrem nostrum jam confirmatus in regno, tenendos prefate ecclesie confirmavit liberaliter et benigne. Hoc eciam ad noticiam tam presentium quam futurorum volumus pervenire quod canonici memorate ecclesie prefatum boscum exstirpare non poterunt, et quod nos venationem tantummodo silvestrium animalium nobis retinuimus in eodem, sed tamen propter hoc ego aut heredes mei venditionem predicti bosci aliquando non poterimus impedire, quin illud canonici sepedicte ecclesie, absque alicujus impedimenti occasione, quotienscunque voluerint, possint vendere et ad quoscunque alios usus ducere, sicut sibi viderint expedire. Quod ne in posterum aliqua possit oblivione deleri, ego et Mathildis, uxor mea, presentes litteras sigillorum nostrorum munimine fecimus roborari. Actum anno Domini millesimo CC° vicesimo tertio.

> Dans un vidimus de Philippe le Bel, de l'année 1293, Bibl. Imp. Supplément à D. Grenier, vol. 346, fol. 10.

II. *Charte du même pour les habitants de Rieux, de Brenouille et du Mesnil de Pont-Sainte-Maxence. (Mai 1225.)*

Philippus, comes Bolonie et Clari Montis, et Philippus de Bestisiaco, fidelis ejus, omnibus presentes litteras inspecturis, salutem. Notum facimus universis quod nos, ex communi assensu et voluntate, hominibus de Rui et de Vernolio et de Maisnillio Pontis Sancte Maxencie, qui antea usuagium reclamabant in bosco nostro de Ageu, sito inter rivum de Longua Aqua et Ysaram, in quo simul partimur, dictum boscum tradidimus ad annuum censum, pro quadraginta libris parisiensis monete nobis aut mandato nostro reddendis singulis annis, in crastino purificationis beate Marie, apud Vernolium. Si vero dicti homines de paga dictorum denariorum facienda deficerent, emendam nobis redderent ad usum patrie, et nos pro defectu eorum caperemus predam communitatis ville de Vernolio, et teneremus donec nobis ad plenum dicti denarii redderentur. Dicti vero homines dictum boscum possunt essartare et commodum suum inde facere. Nos vero in dicto bosco habebimus justiciam, vendas, metagia et chaceiam nostram sicut prius, hoc excepto quod dicti homines poterunt capere, sine nobis meffacere, leporem, cuniculum et vulpem. Dicti etiam homines de dicto bosco nichil poterunt elemosinare aut ad censum tradere seu vendere homini religionis vel alicui extraneo nisi fuerit particeps censive istius. Poterunt preterea dicti homines ibi servientem suum ponere et ponent ad res suas custodiendas, qui nobis faciet fidelitatem de jure nostro servando. Nos autem ibidem majorem nostrum habebimus et ponemus quem volemus, ad jura nostra servanda et levanda, salvo in omnibus jure nostro et alieno. Quod ut ratum et firmum a successoribus nostris in perpetuum teneatur, presentem cartam sepe dictis hominibus tradi fecimus, sigillorum nostrorum munimine roboratam. Actum Parisius, anno dominice incarnationis M° CC° vicesimo quinto, mense Mayo.

> Dans une confirmation de Louis VIII, de l'année 1225, Bibl. Imp. Chartes de Baluze, n. 487, dans le vol. 390 de la Collection Baluze.

III. *Charte du même pour l'église de St-Leu d'Esserent.* (*Juillet* 1228.)

Philippus, comes Bolonie et Domni Martini, et Matildis, comitissa, uxor ejus, universis tam presentibus quam futuris, salutem. Noverit universitas vestra quod, pro salute anime pie memorie Rainaldi, quondam comitis Bolonie, cujus corpus in ecclesia Sancti Lupi de Hescerento requiescit, et pro salute animarum nostrarum, dedimus et concessimus im perpetuum eidem ecclesie Sancti Lupi de Hescerento decem libras parisiensium, capiendas singulis annis in redditibus nostris Domni Martini in festo sancti Remigii. Quod ut ratum et stabile permaneat, presentem cartam sigillorum nostrorum appositione fecimus roborari. Actum apud Credulium, anno Verbi incarnati millesimo ducentesimo vicesimo octavo mense Julio.

> Copie moderne, Bibl. Imp. Collection Baluze, vol. 46, fol. 52 v°.

IV. Charte du même pour Guillaume d'Aunet. (Février 1233, nouveau style.)

Philippus, comes Bolonie, universis presentes litteras inspecturis, salutem. Notum vobis facimus quod dilectus noster Adam de Silleriaco, miles, et Mathildis, uxor ejus, vendiderunt dilecto et fideli nostro Guillelmo de Alneto, im perpetuum, quicquid tenebant de nobis in castellaria Dammartini, scilicet decem et octo arpennos terre ad magnum arpennum, et id quod habebant apud Sanctum Cristoforum. Nos vero, ad petitionem utriusque partis, dictam venditionem volumus, et eandem dicto Guillelmo concedimus, in agmentum feodi sui quod tenet de nobis. Quod ut ratum sit et firmum, presentes litteras sigillo nostro roboravimus. Actum anno dominice incarnationis M° ducentesimo tricesimo secundo, mense Februario.

Original, Bibl. Imp. Supplément à D. Grenier, vol. 313, pièce cotée Chaalis, 37.

V. Charte de saint Louis confirmant une sentence arbitrale prononcée par Philippe Hurepel. (Mai 1233.)

Ludovicus, Dei gratia Francorum rex. Noverint universi presentes litteras inspecturi quod, de contentione que erat inter dilectos et fideles nostros Symonem, comitem Pontivi, et karissimam consanguineam nostram, Mariam, ejus uxorem, comitissam, ex una parte, et Robertum Malet et uxorem ejus, et Helam, materteram ipsius Roberti, ex altera, super terra Roberti comitis de Alenconio, dicti comes et comitissa et Robertus et uxor sua, pro se et Hela, matertera sua, in karissimam matrem nostram Blancham, Francie reginam illustrem, et karissimum et fidelem patruum nostrum, Philippum, comitem Bolonie, compromiserunt, ad faciendum voluntatem ipsorum. Et ipsi in dicto suo dixerunt quod dictus Robertus Malet affidabit[1] dicto comiti Pontivi centum quadraginta libratas terre ad monetam turonensem in terra et redditibus et hominibus extra Sagium, per juramentum duorum militum, videlicet Gaufridum Rossel, ex parte comitis et comitisse, et Guillermum de Merula, ex parte dicti Roberti; et si isti duo discordabant, tercium militem apposuerunt, videlicet Hugonem de Acxes. Per istorum trium vel duorum ex illis legittimum juramentum fiet dicta affidatio[2]. Et per istud dictum dictus Robertus Malet et heredes sui remanent in pace de tota terra quam tenet, que fuit comitis Roberti de Alenconio, et de hoc quod ei debet attingere de eschaeta dicte Hele, matertere sue, et de eschaeta que potest ei accidere de dote comitisse Ame de Alenconio. Et dicta terre affidatio fiet ad usus et consuetudines Normannie qui modo currunt. Preter ista autem Hela, matertera predicti Roberti, remanet in pace erga predictum comitem et ejus uxorem et eorum heredes, quamdiu vixerit, de tota terra quam tenet, per viginti libras turonensium, quas dictus Robertus Malet vel ipsius heredes reddent annuatim, ad festum Omnium Sanctorum, predicto comiti vel uxori sue vel eorum heredibus, quamdiu dicta Hela vixerit; et ipsa mortua, de dictis viginti libris quiti erunt et heredes sui. Post decessum autem dicte Hele, talis pars terre quam dictus Robertus Malet debebit habere et heredes sui, de terra quam tenet dicta matertera sua, ad usus et consuetudines patriarum in quibus dicte terre site sunt, sine contradictione, deveniet quite ad dictum Robertum et heredes suos im perpetuum, sine

---

1. Il faut peut-être corriger ce mot et lire *assidebit,* ou *assidabit.*

2. Probablement pour *assidatio.*

reclamatione comitis et comitisse Pontivi et heredum
suorum; et dictus comes vel ejus uxor sive ipsorum
heredes nichil in parte terre que dicto Roberto Malet vel
ipsius heredibus debet provenire, aliquo modo de cetero
poterunt reclamare, et in alia parte terre quam dicta
[Hela] tenet dictus comes vel ejus uxor vel eorum heredes, post decessum dicte Hele, erga alios jus suum poterunt reclamare, et in tali statu quali modo sunt erunt
de alia parte terre quam dicta Hela tenet modo. Nos
autem prefatum dictum gratum habentes et ratum, ipsum,
ad petitionem partium, sigilli nostri auctoritate duximus
confirmandum. Actum apud Bellum Montem, anno Domini M° CC° XXXIII, mense Mayo.

> Copie du xiv⁰ siècle, Bibl. Imp. Ms. latin 10112,
> fol. 203.

VI. Fondation' faite par Mahaud en l'hopital de Creil.
(*Décembre* 1235.)

Je Mehaut, contesse de Boulongne, fais chose congnute
à touz chez presentez lettrez à veoir que je, pour l'amour
de Dieu et remède de m'ame et men trez chier seigneur et mary Phelippe de beneurée memoire, et de
mez frans ancesseurs, et pour l'amour de Jehenne, me
fille, que Diex gart ychelle hecie en bone prosperité,
estaublis une capelerie en l'onneur de sainte Anne en le
meson del hospital de Creelg, de douze livrez parisis de
rente par an, et doins ichelle, par regart de pitie devine,
à men amé clerc Guarin, neveu de men très chier et loial
capellain Hemart, en tèle maniere que li dis Guarins et si
successeur qui possesserunt le dite capelle prenront
par senglez ans lez ditez XII livrez en men travers de
Creeilg, à le purificacion de le beneurée Marie, par le main
d'ichelli qui tenra le dit travers. Que che parmaint

agreauble et indeboute, je ay mené dignement chez presentez lettrez enforchiez par le appension de men seel. Fait à le Nueve ville, en l'an de Nostre Seignieur mil II^c XXXV, ou mois de decembre.

Traduction et copie du commencement du xive siècle. Bibl. Imp. Ms. français 4663, fol. 97.

VII. *Charte d'Alfonse de Portugal et de Mahaud pour Jean de Beaumont. (Juin 1240.)*

Aufonsus, filius regis Portigalis, comes Bolonie, et Matildis, uxor sua, comitissa Bolonie, omnibus presentes litteras inspecturis, salutem. Notum facimus quod nos dilecto et fideli nostro Johanni de Bello Monte, domini regis cambellano, et Ysabelli Buticularie, uxori sue, pro sexaginta libris parisiensium annui redditus, quas predictis Johanni et Ysabelli singulis annis in festo Omnium Sanctorum super terram nostram de Donno Martino reddere tenebamur, dedimus, concessimus et assignavimus in perpetuum, eis et omnibus heredibus eorumdem, novies viginti et octo arpenta nemorum et tria quarteria in boscis nostris de Donno Märtino, ex quibus tria arpenta et unum quarterium sunt pro viis et marchesiis eisdem assignata. Sciendum etiam quod de omnibus predictis arpentis novies viginti et tria arpenta et unum quarterium boscorum predictorum sita sunt juxta illud cheminum quod tendit de Donno Martino versus Otiz, et etiam de campis Donni Martini usque ad campos qui sunt versus Orcheus, que omnia arpenta nominata sunt simul contigua in dicta pecia, sicut superius est divisum ; et ex alia parte dicti chemini, alia residua quinque arpenta et dimidium nemoribus Galteri de Malasis sunt conjuncta. Istam autem assignationem et concessionem nemorum predictorum fecimus et concessi-

mus dictis Johanni et Ysabelli et eorum heredibus in
perpetuum pacifice possidendam, tam in justicia quam
in dominio et in omnibus rebus aliis que in nemoribus
supradictis habebamus, ita quod in jam dictis nemoribus
nichil retinemus, preter homagium tantummodo, quod
dictus Johannes, vel uxor sua, si dictus Johannes non
viveret, vel heredes ipsorum, ad quos post suum decessum devenerit dictum nemus, nobis et nostris heredibus pro predictis facere tenebuntur. Hec autem omnia
nos et heredes nostri tenemur fideliter et firmiter observare, et etiam predictis Johanni et Ysabelli et eorum heredibus in perpetuum garentizare. Ego vero Matildis,
comitissa Bolonie, de cujus hereditate movent nemora
supradicta, mea propria voluntate spontanea, sine
coactione alicujus, volo et concedo supradictam assignationem predictis Johanni et Ysabelli et eorum heredibus in perpetuum valituram, sicut superius est expres-
sum. Dicti autem Johannes et Ysabellis nos et omnes
heredes nostros et totam terram nostram de Domno Martino de predictis sexaginta libratis annui redditus, pro se
et omnibus suis heredibus, in perpetuum quitaverunt et
penitus absolverunt. Ut autem supradicta omnia firma et
stabilia in perpetuum perseverent, presentem paginam
sigillorum nostrorum impressione fecimus roborari. Actum apud Pontisaram, in crastino Pentecostes, anno
Domini millesimo ducentesimo quadragesimo, mense
Junio.

> Dans un vidimus de 1270, Bibl. Imp. Supplé-
> ment à D. Grenier, vol. 313, pièce cotée Chaalis,
> n. 45.

VIII. Déclaration de Mahaud, au sujet de son testament.
(Novembre 1242.)

Universis presentes litteras inspecturis, Mathildis, comitissa Bolonie, in Domino salutem. Notum facimus quod,

cum karissimo marito nostro Alfonso, filio illustris regis Portugalie, comiti Bolonie, viginti milia librarum parisiensium contulerimus, percipienda in terra nostra post decessum nostrum in terminis assignatis, prout in litteris super dicta donatione confectis plenius continetur, et cum testamentum condiderimus de centum libratis terre nostre parisiensium et de septem millibus libris parisiensium, similiter in terra nostra post decessum nostrum percipiendis, et karissimus noster Gaucherus de Castellione et Johanna, filia nostra, uxor ejusdem, heredes nostri, predictam donationem et dictum testamentum benigne concesserint et rata habuerint ac confirmaverint, nos, in recompensationem dicte concessionis et confirmationis, predictis Gauchero et ejus uxori firmiter concedimus et promittimus bona fide quod de cetero dicto Alfonso, karissimo marito nostro, nec de mobilibus nostris nec de terra nostra poterimus aliquid legare vel donare, nec ratione alicujus testamenti ultra summam predictam terram nostram de cetero honerabimus vel obligabimus. Hoc autem fide data in manu venerabilis patris R[oberti], Dei gratia Belvacensis episcopi, fideliter observare promisimus. Nos autem Alfonsus, filius illustris regis Portugalie, comes Bolonie, predictam obligationem et concessionem, quam de licencia nostra fecit predicta Mathildis, karissima uxor nostra, volumus, concedimus ac ratum habemus. Ad cujus rei confirmationem et munimen, presens scriptum sigilli [1] nostri et sigilli predicti Alfonsi, mariti nostri, fecimus roborari. Supplicamus insuper, cum predicto Alfonso, karissimo marito nostro, venerabili patri R[oberto], Belvacensi episcopo, ut litteras suas patentes, suo sigillo signatas, super dicta obligatione et concessione predictis, Gauchero et ejus uxori concedat, in testimonium et munimen. Actum Parisius, anno

---

1. Il faudrait: *sigillo nostro et sigillo.*

Domini millesimo CC° quadragesimo secundo, mense
Novembri.

> Original à la Bibl. Imp. Titres originaux de D.
> Villevieille, tome VII. Fac-simile dans la collec-
> tion de l'École des chartes, pl. XCVIII, n. 497.

IX. *Charte de Mahaud pour l'abbaye de Saint-Martin au Bois. (Août 1251.)*

Omnibus presentes litteras inspecturis, Mathildis, comitissa Bolonie, salutem. Notum facimus quod nos venditionem quam dominus Aubertus de Rouviler, miles,
fecit ecclesie Beati Martini Ruricurtensis, videlicet de qua-
dam decima sita in territorio de Rouviler, quam ipse
tenebat de magistro Manaserio de Rouviler, clerico, inde
homine nostro, scilicet usque ad quinque modios, ad
mensuram Clari Montis, tam in blado quam avena et
tremesio, eidem ecclesie in perpetuum possidendos, volumus, concedimus tanquam domina feudi capitalis, et
etiam approbamus. Pro qua concessione eidem ecclesie
facta, abbas et conventus dicte ecclesie anniversaria
bone memorie comitis Reginaldi, patris nostri, singulis
annis in perpetuum, videlicet undecimo kalendas Junii,
Ide matris nostre sexto nonas Maii, Philippi comitis,
quondam mariti nostri, decimo quinto kalendas Februarii,
nostri vero et Johanne, filie nostre, ad dies qui eisdem
fuerint post obitum nostrum demandati, tenentur in
ecclesia sua celebrare. In cujus rei testimonium, ad petitionem dictorum domini Auberti et magistri Manaserii,
prenotate ecclesie presentes litteras contulimus, sigilli
nostri munimine roboratas. Actum anno Domini millesimo ducentesimo quinquagesimo primo, mense Augusto.

> Copie annotée par D. Grenier, Bibl. Imp. Collec-
> tion Moreau, vol. 172, fol. 225, d'après l'original
> des archives de Saint-Martin-au-Bois.

X. Charte de Jeanne de Boulogne pour Mathieu de Trie.
(Novembre 1251.)

A tous chez presentez lettrez à veoir, Jehenne de Bau-
bine [1], fille et hoirs de noble homme Phelippe de bone
memoire, jadis conte de Boulongne et de Clermont, salut
en Nostre Seigneur. Nous faisons chose congnute à tous
chez presentez lettrez à veoir que nous l'usage que très
chiers cousins no sires Mahiu a en nostre forest de Hès à
ardoir en son ostel dou Plaissie [2] et à herbegier illuec,
ch' est assavoir de carme, tranle, eraule, courre et espine
et tout autre mort boz, volons, otroions et approuvons,
veullans et otroians que messires Mahiu et si hoir le dit
usage à tous jours possessent f[r]anquement, paisible-
ment et em pais. Et nous confermons cheste chose par
nos lettrez apparans et enforchies de nos seaus, lez
quellez nous avons baillie à ichelli Mahiu, en tesmon-
gnage et garnissement de che. En l'an de Nostre Seignor
mil II^c LI, ou mois de novembre.

> Traduction et copie du commencement du XIVe
> siècle, Bibl. Imp. Ms. français 4663, fol. 114.

XI. Charte de la même pour l'église de Saint-Leu
d'Esserent. (Décembre 1251.)

Ego Johanna, filia et heres inclite recordationis Philippi, quondam comitis Bolonie et Claromontis, universis
ad quos presentes littere iste pervenerint, in Domino
salutem. Noverit universitas vestra quod ego ecclesie

1. Il faut sans doute lire *Bouloine.*

2. Dans le ms. en marge de cette charte on lit les mots :
« Chartre le dame dou Plessie Billebaut. »

Sancti Lupi, ubi sepulturam meam elegi, dedi, legavi et
concessi in perpetuam eleemosinam, pro anniversario
meo ibi singulis annis faciendo, omne illud quod habebam in villa Sancti Lupi supradicti, volens et statuens
quod, pro dicto dono dicte ecclesie Sancti Lupi a me facto
et concesso et legato, in perpetuum prior et conventus
Sancti Lupi teneantur singulis annis in perpetuum ad
faciendum celebrari quolibet die unam missam pro Dei
fidelibus in ecclesia sua supradicta, pro anima mea et
animabus patris mei et matris mee et antecessorum meorum. Et ut hoc ratum et firmum et stabile in perpetuum
permaneat, dictis priori et conventui tradidi presentes
litteras sigillo meo roboratas. Actum anno Domini M°CC°
quinquagesimo primo, mense Decembri.

> Copie moderne, Bibl. Imp. Collection Baluze, vol.
> 46, fol. 78 v°.

XII. *Charte de Mahaud pour l'abbaye de la Capelle.*
(*Août 1253.*)

Ego Mathildis, comitissa Bolonie, notum facio tam presentibus quam futuris quod, pro anima mea et pro animabus parentum meorum, Reinaldi bone memorie comitis
Bolonie, et Ide uxoris ejus, necnon Philippi recolende
memorie quondam mariti mei et comitis Bolonie, Johanne
etiam filie mee, et aliorum liberorum meorum et antecessorum, in ecclesia de Sancte Marie Capella juxta Merc
instauravi unam capellaniam, quam dicta ecclesia, ut
melius voluerit, tenebitur in perpetuum facere deserviri.
Et sciendum est quod, quamdiu vixero, ad quandam
missam de Sancto Spiritu sive de beata virgine Maria,
que quotidie celebratur in ipsa ecclesia, pro me dicetur
oratio specialiter que consuevit dici pro vivis; et post
decessum meum, ad quandam missam que pro defunctis

celebratur ibidem, ratione ejusdem capellanie, pro anima mea et pro animabus antecessorum meorum predictorum ac liberorum dicetur similiter oratio specialis que consuevit dici pro defunctis. Porro proventus ejusdem capellanie assignavi ad quater vinginti et sexdecim raserias avene, percipiendas singulis annis, unam partem, videlicet sexaginta quatuor raserias.avene, ad decimam totam dicte terre tocius predicte [1] eidem ecclesie de Capella acquitto et quitam clamo in perpetuum habendam ; aliam autem partem, scilicet vinginti quatuor raserias avene, quarterium et dimidium minus, in decima de Hua assignavi perpetuum percipiendas, ita quod a perceptione proventuum ejusdem capellanie aliquid assignamentum factum seu faciendum in locis supradictis eidem ecclesie non obsistet. In cujus rei testimonium, presentes litteras eidem ecclesie tradidi sigilli mei munimine roboratas. Actum anno Domini M° CC° LIII, mense Augusti.

> Copie faite d'après un Cartulaire de la Capelle par D. Grenier, Bibl. Imp. Collection Moreau, vol. 174, fol. 177.

XIII. *Analyse d'un plait tenu à Arras pour la succession de Mahaud.* (3 *juin* 1259.)

1259, mardi après la Pentecôte. Détail de ce qui s'est passé dans la cour des plaids tenue à Arras dans la maison du comte d'Artois, par Gui de Chatillon, comte de Saint-Paul, comme bail d'Artois, en présence de barons et d'hommes, et où furent le comte de Guines et messire Drieus d'Amiens, comme barons.

Mahaut, comtesse d'Artois, s'y trouva et fit dire au comte de Saint-Paul [son mari], que, par la mort de la

____

1. Il y a ici ou une lacune ou une altération.

comtesse de Boulogne, sa cousine, lui étoit echue et à ses
hoirs et qu'elle a été saisie par la loy et par jugement
d'une terre située à Calais et à Merch, avec Eperlèques,
et apartenances. Alors les barons dirent au comte : « Sire,
vous êtes ber d'Artois, » et ils le prièrent de juger
avec eux. Y fut présent messire Robert, sénéchal de
Flandres, qui tenoit la justice. Le comte y consentit, et
alors Mahaut fit dire au sénéchal : « Sire, donnez à la
comtesse un avoué; » et on le lui donna. Ensuite la comtesse fit dire qu'elle vouloit donner une partie de l'héritage qui luy étoit echu; qu'elle prioit les barons de dire
combien elle pouvoit donner et retenir les hommages
sans son seigneur, et si elle pouvoit donner le quint, ou
plus, ou moins, parce qu'elle vouloit faire hommes de
son heritage. Le sénéchal demanda à la comtesse et à
son avoué : « Dame, est-ce pour vous? » A quoi elle
répondit : « Oui. » Alors le sénéchal conjura les barons
de dire l'usage et la coutume en Artois. Les barons se
retirèrent et furent se consulter avec les hommes qui sui-
vent : Messire Hellin de Waverin, messire Hues de Ruet,
li castelain de Lens, messire Aliaumes Laghans, messire
Ernous de Ghisnes, messire Bauduin Cauderon, messire
Jehan de Beveri, messire Gilles de Mailli, messire Wil-
laume de la Fosse, messire Robers li Vers, messire Fastre
de Haveskerke, messire Jehan de la Haye, messire Jehan
de Waverin, messire Ernoul des Fossés, messire Jehan
de Souches, li castellains de Biaumés, messire Manessier
Cauderon, messire Philippe de Remi, messire Guibers de
Mangouval, maistre Adan de le Vigne, messire Robert
d'Arras.

Ensuite ils parlèrent au comte de Blois, à messire
Robert de Basoche, à l'évêque d'Arras, à l'abbé de Saint-
Vast, à l'abbé de Saint-Bertin, à l'abbé d'Anchin, au tré-
sorier de Biauvais, à maistre Simon canonne de Verge-
lay, à maistre Ghilebert Dancel, à maistre Jehan Colon, à
maistre Simon d'Orliens.

Et les barons dirent : « Par jugement nous disons, et par jugement et par les costumes d'Artois, que madame la contesse d'Artois puet donner de son iretage propre, et retenir les homages sans le gré de sen signeur et de son oir, le quint de toute sa terre loialment estimée et prisie, lequele li est venue de l'escanche de la formorture le contesse de Boloigne, et que on ne puet quinter un fief en Artois dedens soixante ans que une fois sans gré du signeur de cui le fief est tenu. » Ensuite le sénéchal dit : « Dame, ensi que li baron ont jugié, ensi le faites. »

Ce jugement a été rendu en présence de M. Mache de Beaune, chevalier, bailli de Vermandois, et maitre Henri, clerc du roi, qui avoient été envoiés par lui pour l'entendre et pour lui en rendre compte.

Copie simple en parchemin.

Inventaire des titres d'Artois, par Godefroy ; Bibl. Imp. Collection Moreau, vol. 396, page 255.

XIV. Charte de Mathieu de Trie pour l'abbaye de Chaalis.
(Mai 1272.)

Ego Matheus, comes Donni Martini et dominus de Tria, notum facio universis presentes litteras inspecturis quod ego recepi a religiosis viris abbate et conventu Karoli Loci, Cisterciensis ordinis, trecentas libras parisiensium in pecunia numerata, pro concessione, confirmatione et garandia excambii facti inter ipsos abbatem et conventum ex una parte, et Johannem de Tilli, Baiocensis diocesis, armigerum, ac uxorem ejus domicellam Johannam de Bello Monte, ex altera, super nemoribus de Perta, de Jariel contiguo Perte, et de centum et decem arpentis in Espionia, excambiatis et traditis ipsis abbati et conventui a dictis Johanne et Johanna, pro nemoribus aliis a dictis

abbate et conventu traditis per idem excambium eisdem
Johanni et Johanne, sitis inter grangiam ipsorum
abbatis et conventus que dicitur de Comellis et abba-
ciam Herivallis, prout in carta super dicto excambio,
sigillo meo roborata, plenius continetur. Et ego teneor et
bona fide promitto et ad hoc me et omnia bona mea
obligo, quod, si dominus rex dictum excambium non
concedat, vel impedimentum alias undecumque veniat
quominus dictum excambium inter partes teneat, ego
summam pecunie predictam trecentarum librarum parisiensium restituam abbati et conventui prefatis, infra
duos menses a die qua super hoc ab eis vel eorum
nomine fuero requisitus. A quo si forte defecero, ego
teneor et sub eadem promissione promitto restituere
dictis abbati et conventui, simul cum predicta summa
pecunie, omnia dampna et deperdita, sumptus et expen-
sas, que et quas occasione dicti defectus dicti abbas et
conventus incurrerint vel subierint, si qua forte propter hoc ipsos contigerit incurrisse; crediturus simplici
verbo cellararii qui erit in Karoli Loco pro tempore de
predictis dampnis, deperditis, sumptibus et expensis,
absque probatione alia seu prestatione cujuslibet sacra-
menti; obligans ad premissa me et omnia bona mea,
presentia et futura, et renuncians excepcioni non numerate pecunie, non recepte, et spei future numerationis,
et universis exceptionibus aliis, actionibus et defensioni-
bus ac rationibus cujuscumque juris, canonici et civilis,
consuetudinibus et statutis. In cujus rei securitatem et
certitudinem, presentes litteras sigilli mei munimine
roboravi. Datum anno Domini millesimo ducentesimo
septuagesimo secundo, mense Maio.

Original à la Bibl. Imp. Supplément à D. Grenier, vol. 329, pièce 3.

XV. Charte de Jean de Trie pour l'abbaye de Chaalis.
(Août 1276.)

Universis presentes litteras inspecturis, nos Johannes, comes Domni Martini, de Tria et de Monciaco Castro dominus, notum facimus quod nos litteras karissimi nostri magistri Gaufridi dicti Buticularii, archidiaconi in ecclesia Belvacensi, vidimus in hec verba.

Universis presentes litteras inspecturis, magister Gaufridus dictus Buticularius, archidiaconus in ecclesia Belvacensi, salutem in Domino. Notum facio universis, tam presentibus quam futuris, quod ego, pro utilitate ac necessitate mea, vendidi et venditionis nomine concessi im perpetuum, absque ulla retentione, in manu mortua, viris religiosis abbati et conventui Beate Marie de Karoli Loco, Cisterciensis ordinis, Silvanectensis dyocesis, et eorum ecclesie, quicquid habebam vel habere poteram aut debebam in quibusdam petiis nemoris, quarum una vulgaliter dicitur la Couarde, et altera que dicitur Perte, *etc.* Actum anno Domini millesimo duccentesimo septuagesimo sexto, mense Augusto.

Nos autem comes prefatus, de cujus feodo movebant omnia supradicta, a dicto magistro Gaufrido memoratis abbati et conventui vendita, volumus, laudamus et actoritate nostra, tanquam dominus, im perpetuum confirmamus nemora supradicta, prout superius sunt distincta, cum fundo et justicia et garenna, cum omni jure et dominio quod in premissis habebamus et habere poteramus, concedendo et quittando im perpetuum in manu mortua dictis abbati et conventui et eorum ecclesie ac omnibus causam habituris ab eisdem, nichil omnino nobis vel nostris heredibus sive successoribus in premissis omnibus vel in aliquo premissorum ex nunc in antea retinendo, ipsis abbate et conventu in

possessionem et quasi possessionem omnium premissorum et singulorum indutis. Et bona fide promittimus
quod contra predicta vel aliquod premissorum nulla
ratione feodi, vel alia quacunque, per nos vel per alium,
veniemus; sed premissa garandizabimus et liberabimus
a nobis et nostris heredibus et a venditore predicto
prefatis abbati et conventui, ac omnibus ab eis causam habentibus, quociens ab eis religiosis super hoc
fuerimus requisiti, ad eandem garandiam nos et heredes sive successores nostros im perpetuum obli-
gando; pro quibus confirmatione et quittatione et garandia regnoscimus nos recepisse ab abbate et conventu
Karoli Loci centum libras parisiensium in pecunia numerata. Et in hoc facto renunciamus exceptioni non
numerate pecunie, non recepte, et spei future numerationis, et omni excepcioni fraudis et doli ac decepcionis
ultra dimidium justi precii seu valoris, ac cuilibet excepcioni alii juris et facti, consuetudinis et statuti. Et sciendum quod si abbas et conventus supradicti predictorum
nemorum admortizacionem erga dominum regem Francie
non possent impetrare, tenemur et promittimus, sub
eadem stipulatione, eisdem religiosis reddere pecuniam,
quam proinde recepimus, supradictam. Quod ut perpetuum robur obtineat, presentes litteras duximus sigilli
nostri munimine roborandas. Actum anno Domini millesimo ducentesimo septuagesimo sexto, mense Augusto.

Original, Bibl. Imp. Supplément à D. Grenier,
vol. 329, pièce 11.

TABLE DES MATIÈRES

CONTENUES

DANS CE VOLUME.

Avis au relieur pour le placement des planches.

Planche I (Hercule Mastaï), en regard de la page 52.

Planche II (Jetons municipaux de Paris), en regard de la
page 113.

Planche III (Vase aux larves), en regard de la page 160.

Nogent-le-Rotrou, imprimerie de A. Gouverneur.